Nützliche Reisetips von A - Z

Neuseeland

1991

Hayit Verlag Köln

► Postojna ZIELE 265

Die »Burg vor der Höhle« – so ihr Name – duckt sich unter einer 123 m hohen Felswand, die graue Fassade scheint mit dem Gestein zu verschmelzen. Wie es heißt, reichen **geheime Burgstollen** 1,7 km tief in den verkarsteten Berg. Ursprünglich war die Burg ein Lehen des Patriarchen von Aquileia, doch kam sie 1378 in habsburgischen Besitz. Berühmtheit erlangte sie in der zweiten Hälfte des 15. Jh.s, als **Raubritter Erasmus Lueger** von hier aus die Karawanen der Kaufleute überfiel und damit den Handel zwischen Postojna und Triest schwer schädigte. Einen Großteil der Beute verteilte er an die Armen und Besitzlosen. Nachdem Erasmus einen Angehörigen des habsburgischen Regenten getötet hatte (1483), erhielt Baron Rauber, der Statthalter von Triest, den Auftrag, dem Treiben des Raubritters ein Ende zu bereiten. Über ein Jahr lang belagerten die kaiserlichen Truppen die Burg, doch wurde Erasmus von Freunden über geheime Stollen mit Lebensmitteln versorgt. Er verhöhnte gar die Soldaten, indem er ihnen zu Festtagen gebratenes Hammelfleisch von der Burgmauer zuwarf. Zum Verhängnis wurde ihm die Bestechlichkeit eines seiner Diener. Der gab der Obrigkeit jenen Ort preis, an dem Erasmus ein Geschäft verrichtete, das, wie in Legenden überliefert steht, »selbst der türkische Sultan nicht durch seinen Gesandten erledigen kann«. An eben jenem Ort wurde der Raubritter getötet, unter einer Linde bei der gotischen Dorfkirche liegt er begraben.

In den Gemächern der Burg wurde ein **Museum** eingerichtet, in dem Waffen und Jagdtrophäen, Gemälde und Skulpturen ausgestellt sind. Die archäologische Abteilung zeigt, dass die viergeschossige Höhlenwelt unterhalb der Burg schon zur Jungsteinzeit besiedelt war; auch Felsinschriften aus dem 15. Jh. sind erhalten. Vom unterhalb gelegenen Eingang starten **Führungen** in die **Höhlen unter der Burg**.

★★
Predjamski Grad
◄ 3D S. 266

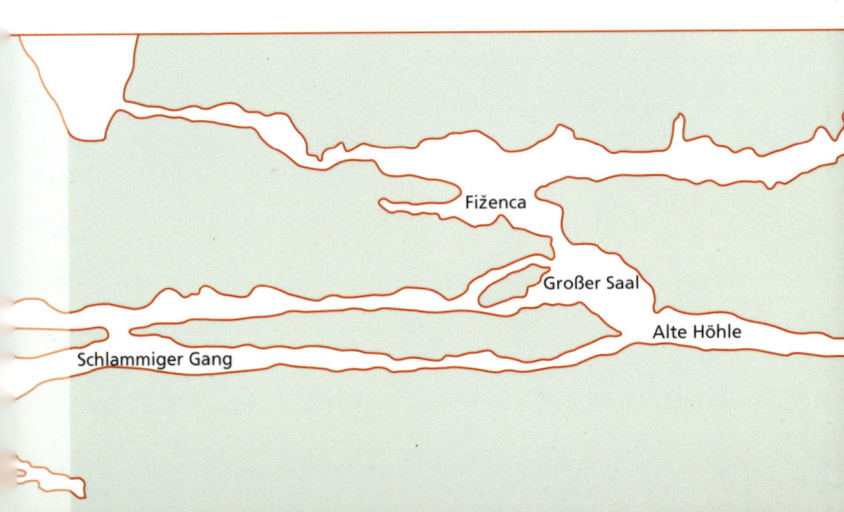

PREDJAMSKI GRAD

★★ Eine Höhlenburg, wie sie im Buche steht: Mit ihren geheimen Burgstollen und Höhlengängen war sie eine ideale Schutzburg für ihre Bewohner, später Schlupfwinkel von Dieben und Wegelagerern, und im 17. Jh. wurde sie ihrerseits hinterrücks überfallen – Schurken drangen durch den Geheimgang in die Burgräume ein und raubten sie aus. Bereits im 12. Jh. gab es eine erste Burg, die heutige Anlage geht auf das 16. Jh. zurück.

🕐 Öffnungszeiten der Burg:
1.5.–30.9.: 9.00–18.00; April, Okt.: 10.00 bis 18.00, ansonsten 10.00–16.00 Uhr.
Vom Höhlensystem sind 900 m für Besucher zugänglich. Taschenlampen und Gummistiefel werden ausgeliehen. Geführte Touren: 1.5.–30.9. 11.00, 13.00, 15.00 und 17.00 Uhr; Besichtigungsdauer ca. 40 Min., Temperatur ca. 10 °C

① Kobenzl-Eingangsturm
Der Renaissanceturm wurde nach der Adelsfamilie benannt, in deren Besitz die Burg mit kurzer Unterbrechung von 1567 bis 1810 war. Über dem Eingang prangt das Steinwappen der Familie.

② Vierstöckiger Haupttrakt
mit Rittersaal, Speisesaal, Kemenate, Fürstenzimmer, Andachtsraum und Schlafkammern

③ Beobachtungsstelle
Felsöffnung oberhalb der Burg, von der aus man unbemerkt die Umgebung beobachten und Feinde ausmachen konnte.

④ Erasmushöhle
Felsenhöhle hinter der Burg. Hier gab es eine Feuerstelle und einen 6 m tiefen Brunnen.

⑤ Erasmusgang
Geheimgang ins Freie, durch den Burgbewohner im Notfall mit Lebensmitteln versorgt, aber auch von unerbetenen Gästen überfallen werden konnten.

⑥ Zugang zum »Pferdestall« (Karte S. 264)
Eingang in die Welt der Karsthöhlen. Unter der Burg liegt ein bis zu 570 m hohes, vierstöckiges Höhlensystem, das durch die unterirdischen Wasser des Karstflusses Lovka geschaffen wurde. Die Lovka mündet in die 13,5 km entfernte Vipava, diese in die Adria. 13 km der Höhlengänge wurden erforscht. Pferdestall (der als solcher im Mittelalter diente) und Namengang (Fortsetzung des Hauptgangs; man fand im Fels Namenseinritzungen aus dem 15./16. Jh.) bilden die 2. Etage, Drachenloch und Schlammiger Gang darunter die 3. Etage, in der untersten 4. Etage fließt die Lovka. Die oberste Etage bildet die Erasmushöhle.

▶ Predjamski Grad **ZIELE** 267

Besucher erkunden den Erasmusgang.

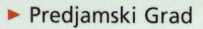

Blick aus der Erasmushöhle hinunter zu den Dächern der Burg und auf das Dorf

Übergang zwischen Burg und Erasmushöhle

Der rekonstruierte gotische Speisesaal im zweiten Stockwerk

© Baedeker

Das gemalte Wappen der Kobenzl an der Burgfassade

Schießscharten und Pechnasen im Dachgeschoss des Kobenzl-Eingangsturms dienten zur Verteidigung.

Postojna

Planinska jama/ Höhle von Planina

An der Straße nach Ljubljana, 10 km nordöstlich von Postojna, liegt **Sloweniens größte Wasserhöhle**. Gespeist wird sie von mehreren Flüssen: Die aus dem Postojna-Becken kommende Pivka und der Rak aus dem Cerknica-See vereinigen sich in Planina bei Rakek zum **Fluss Unica**. Dieser strömt aus einem meterhohen Felsportal der Höhle hervor, fließt oberirdisch 5 km durch die Planiner Ebene, um dann abermals in die Erde einzusickern. Erst viele Kilometer weiter, nahe der Ortschaft Vrhnika, tritt er als **Ljubljanica** wieder an die Oberfläche und und mündet schließlich in die Sava. Der **Eingang zur Wasserhöhle** befindet sich in einem Tal hinter dem Mali grad (Ravbarjev stolp) unter einer 100 m hohen Felswand, 5 Minuten vom Parkplatz. Der Höhlenspaziergang führt durch schmale Canyons und hohe, weiträumige Säle, vorbei an unterirdischen Seen und Flussarmen.

Besichtigung ▶ Der erschlossene Weg ist 900 m lang, die Besichtigungsdauer beträgt 1 Stunde. Die Touren finden zwischen dem 1. Juni und 30. September täglich um 15.00 und 17.00 Uhr statt.

✱ Križna jama/ Kreuzberghöhle

28 km östlich von Postojna liegt – abseits der Touristenströme – die Kreuzberghöhle. Ein Fluss speist hier **22 unterirdische Seen**, die eine 8 km lange Wasserstrecke bilden. Besucherwege sind nicht angelegt, die Erkundung erfolgt in kleinen **Schlauchbooten**. Pro Führer dürfen maximal vier Personen an der Expedition teilnehmen.

Besichtigung ▶ Die mit dem Boot zurückzulegende Strecke ist 1,6 km lang, mindestens 4 Stunden muss man dafür einplanen. Die Temperatur beträgt 9 °C, wasserdichtes Schuhwerk sollte man mitbringen; Regenschutz, Helm und Lampe werden ausgeliehen. Information zu Führungsterminen beim Touristenbüro in Postojna.

✱✱ Škocjanske jame / Höhlen von St. Kanzian

Wird die Postojna-Grotte als »Salon der Unterwelt« gepriesen, so gelten die Höhlen von St. Kanzian als **ungezähmtes Inferno**. Das Höhlensystem liegt knapp 35 km südwestlich von Postojna und ist erreichbar über eine ausgeschilderte Abzweigung von der Straße Divača – Koper. Aufgrund ihrer wilden Schönheit wurden die Höhlen von St. Kanzian von der UNESCO zum **Weltnaturerbe** erklärt. In Škocjan hat der Fluss Reka einen gewaltigen Höhlencanyon gegraben, dessen Wände fast 100 m in die Tiefe stürzen. Je tiefer man ins Erdinnere vorstößt, desto fantastischer ist der Anblick. Nach Grotten mit nur wenigen Tropfsteinen gelangt man in die »Stille Höhle«, auch »**das Paradies**« genannt. Hier reichen Tropfsteine mit weiten Kronen vom Boden bis zur Decke. Die Szenerie mutet wie ein verzauberter Wald an. Über eine nach dem Höhlenforscher Hanke benannte Brücke quert man die Schlucht, die der Fluss Reka in Wasserfällen durchtost. Ein schmaler Gang führt weiter zur »Brunnenhöhle« mit terrassenförmig gewachsenen Sinterbrunnen. Am Einsturztrichter der Reka endet der Spaziergang –

Škocjanske jame: fast 100 m tiefe Höhlencanyons →

CIP-Titelaufnahme der Deutschen Bibliothek

Vögl, Petra:
Neuseeland / [Autorin: Petra Vögl]. - Köln : Hayit, 1991
  (Nützliche Reisetips von A - Z)
  ISBN 3-89210-330-5
NE: HST

1. Auflage 1991
ISBN 3-89210-330-5

© copyright 1991, Hayit Verlag GmbH, Köln
Autorin: Petra Vögl
Satz: Hayit Verlag GmbH, Köln
Druck: Druckhaus Cramer, Greven
Fotos: Petra Vögl, Lutz Ritter
Karten: Ralf Tito

2.8/04.1/Hu/Wa

Alle Rechte vorbehalten   All rights reserved
Printed in Germany

Ortsverzeichnis

Arrowtown	8
Arthur's Pass	8
Auckland	9
Banks Peninsula	18
Bay of Islands	18
Bay of Plenty	19
Blenheim	20
Cape Kidnappers	23
Christchurch	23
Coromandel Peninsula	28
Craters of the moon	29
Cromwell	29
Dargaville	31
Dunedin	32
Fox Glacier	40
Franz Josef Glacier	41
Gillespie Beach	47
Gisborne	48
Greymouth	50
Hanmer Springs	52
Hamilton	52
Hastings	54
Hokitika	56
Invercargill	57
Kaikoura	59
Kaitaia	60
Kerikeri	61
Marlborough Sounds	66
Masterton	68
Maunganui	68
Napier	69
Nelson	85
New Plymouth	89
Ninety Mile Beach	92
Ohakune	93
Opononi	93
Opua	94
Orakei Korako	95
Paihia	96
Palmerston North	96
Pancake Rocks	97
Picton	99
Queenstown	101
Rotorua	112
Russell	114
Shantytown	118
Stewart Island	121
Tasman Glacier	123
Taupo	123
Tauranga	124
Te Anau	126
Thames	127
Waipoua Kauri Forest	131
Waitangi	132
Waitomo	132
Wanaka	133
Wanganui	134
Wellington	136
Whakarewarewa	141
Whangarei	142

Allgemeine Informationen

Aotearoa	8
Apotheken	8
Auskunft	16
Ausrüstung	17
Automobilclubs	17
Autovermietungen	17
Benzin	20
Bevölkerung	20
Botschaften und Konsulate	22
Camping	22
Diebstahl	32
Dokumente	32
Einkaufen	36
Ermäßigungen	37
Essen und Trinken	37
Feiertage und Feste	38
FKK	39
Folklore	39
Fotografieren	40
Geld	43
Geographie	43
Geschichte	43
Geschwindigkeitsbeschränkungen	47
Handeln	54
Impfungen	59
Karten	59
Kinder	63
Kiwi	64
Kleidung	64
Klima	64
Kriminalität	65
Kultur	65
Literatur	66
Maße und Gewichte	67
Nationalparks	72
Notfall	93
Pflanzen	98
Politik	100
Post	100
Regionen	105
Reiseapotheke	109
Reisen im Land	109
Religion	112
Seen	115
Sehenswürdigkeiten	118
Sport	119
Sprache	120
Strände	122
Strom	122
Telefonieren	127
Tiere	128
Unterhaltung	129
Unterkunft	130
Verhalten	131
Verkehr	131
Wirtschaft	144
Zeit	144
Zeitungen	144
Zoll	144

Was Sie beim Gebrauch dieses Buches wissen sollten

Bücher der Serie „Nützliche Reisetips von A—Z" bieten Ihnen eine Vielzahl von handfesten Informationen. In alphabetischer Reihenfolge klar gegliedert finden Sie die wichtigsten Hinweise für Ihre Urlaubsreise. Querverweise erleichtern die Orientierung, so daß man, auch wenn das Stichwort, beispielsweise „Ferienwohnungen", nicht näher beschrieben wird, jederzeit das ausführlich behandelte Stichwort findet, hier: „Unterkunft". Auf thematisch verwandte Stichworte wird ebenfalls häufig verwiesen. Z. B. sind unter dem Stichwort „Medikamente" folgende Verweise aufgeführt: „Ärztliche Versorgung", „Reiseapotheke", „Apotheken", „Impfungen".

Mit Reiseführern der Serie „Nützliche Reisetips von A—Z" beginnt die umfassende Information bereits vor Antritt Ihrer Urlaubsreise. So erfahren Sie alles von Anreise über Dokumente und Kartenmaterial bis zu Zollbestimmungen. Das Reisen im Land wird erleichtert durch umfassende Darstellung der öffentlichen Verkehrsmittel, Autoverleihe sowie durch viele praktische Tips von der Ärztlichen Versorgung bis zu den (deutschsprachigen) Zeitungen im Urlaubsland.

Die Städtebeschreibungen, die ebenfalls alphabetisch geordnet sind, enthalten die wichtigsten Fakten über die jeweilige Stadt, deren Geschichte sowie eine Beschreibung der Sehenswürdigkeiten. Zusätzlich enthalten die Städte-Kapitel eine Fülle an praktischen Tips — von Einkaufsmöglichkeiten, Restaurants, Unterkünften bis zu den wichtigsten Adressen vor Ort. Doch auch das Hintergrundwissen für die Reise kommt in dieser Serie nicht zu kurz. Wissenswertes über die Bevölkerung und ihre Kultur findet sich ebenso wie über die Geographie, die Geschichte, die aktuelle politische Lage und die wirtschaftliche Situation des Landes.

Ärztliche Versorgung

Wer in Neuseeland Probleme mit seiner Gesundheit bekommt, braucht sich keine Sorgen zu machen. Der medizinische Standard, sowohl was die Ausbildung der Fachleute als auch die Ausstattung von Praxen und Krankenhäusern betrifft, ist sehr hoch. Beachten muß man jedoch, daß mit Neuseeland kein Sozialabkommen besteht, so daß für eine Reise in dieses Land kein Auslandskrankenschein erhältlich ist. Kosten für Behandlung und Medikamente muß man also selbst tragen. Es empfiehlt sich daher, eine Reisekrankenversicherung vor Antritt der Reise abzuschließen. Dies ist bei privaten Krankenkassen, den Allgemeinversicherungen und bei fast allen Bankinstituten möglich. Sie können auf den Tag genau limitiert werden, sind nicht sehr teuer und beinhalten z.B. auch die Kostenübernahme bei einem eventuellen Rücktransport.

Für Unfälle, die sich in Neuseeland ereignen, besteht eine Sonderregelung. Der Verletzte bekommt eine Entschädigung, gleichgültig, bei wem die Schuld des Unfalls liegt.

Anreise

Die schnellste und einfachste Art, das „Land am anderen Ende der Welt" zu erreichen, ist der Luftweg. Wichtig ist, sich rechtzeitig zu erkundigen, denn gerade Billigflug-Anbieter sind oft schon vier Monate vor der Hauptreisezeit (Oktober bis Januar) ausgebucht. Und gerade bei solchen Gesellschaften lohnt sich ein Preisvergleich.

So kann man bei „Canadian Pazifik" einen Flug für 2800 DM „ergattern", während die Linie „Garuda" für 3200 DM nach Neuseeland startet. Bei bekannten Linien wie „Lufthansa" zahlt man den stattlichen Preis von etwa 3900 DM außerhalb der Saison, ansonsten rund 4200 DM. Dafür steht hier aber auch ein anderes Platzkontingent zur Verfügung, so daß man sich auch relativ kurzfristig für eine solche Reise entschließen kann. Die Fluggesellschaft „Air New Zealand" bietet oft preiswerte Plätze ab 2900 DM an.

Wer Zeit und Interesse dafür mitbringt, kann sich seine Fluggesellschaft nach der geflogenen Route auswählen. Beim Flug über den Pazifik sind Unterbrechungen in Kanada, Amerika, Honululu, Hawaii und/oder auf südpazifischen Inseln wie Fidji und den Cook-Inseln möglich. Die Asienroute bietet Zwischenstops in Singapur, Hongkong, Tokio und Australien an. Auch hier gilt es abzuwägen und zu vergleichen, denn die Anzahl der Flugunterbrechungen und die eventuellen Mehrkosten sind sehr unterschiedlich.

Wer wenig Zeit hat, muß sich auf einen 34-Stunden-Flug einstellen, bei dem er einige Flughäfen der Welt zu Gesicht bekommt.

Aotearoa

Der Maori-Name für Neuseeland heißt Aotearoa und bedeutet „das Land der langen weißen Wolke". Der Legende zufolge hat der polynesische Seefahrer Kube nicht zuerst die Inseln entdeckt, sondern er wurde auf eine einzige riesige Wolke aufmerksam, die über dem Meer schwebte. Auch heute noch kann man sich dies bei der wunderschönen Wolkenbildung, die man täglich in Neuseeland erlebt, sehr gut vorstellen.

Apotheken

Neuseeländische Apotheken brauchen den Vergleich mit deutschen nicht zu scheuen. Die Ausstattung an Medikamenten ist ausreichend und auf den gebräuchlichen Bedarf abgestimmt. Barzahlung ist erforderlich (→Ärztliche Versorgung).

Arrowtown

Wenige Kilometer nordöstlich von Queenstown (→dort) liegt Arrowtown, ein ehemaliger Goldgräberort, der fast vollkommen restauriert wurde. Hier wird die frühere Zeit „lebendig", man kann sich das Leben und Treiben in den kleinen Gassen, den Holz- oder Steinhäusern sehr gut vorstellen. In vielen dieser Häuser sind heute Souvenirläden untergebracht. Lohnenswert ist ein kurzer Bummel durch dieses Städtchen. Auch heute noch kann man mit sehr viel Glück im Fluß, der an Arrowtown vorbeiführt, Gold finden (wenn Sie viel Zeit haben, versuchen Sie's doch mal!). Wer sich ohne „Selbstbeteiligung" über die Zeit des Goldrausches informieren möchte, findet alles Wissenswerte darüber im *Lakes District Centennial Museum* in der Buckingham St. Täglich von 9 bis 17 Uhr geöffnet, Eintritt 2.50 NZ$.

Das Besondere an Arrowtown ist auch die umliegende Landschaft. Es ist in die wunderschöne Gegend der Region Otago (→*Regionen*) eingebettet, und man kann sich hier stundenlang aufhalten und die abwechslungsreiche Natur genießen. Sanfte Hügel, viele Schafweiden, herrliche grüne Ebenen, ein Ort der Ruhe und Erholung.

Arthur's Pass

Die kleine Ortschaft Arthur's Pass gewinnt ihren Wert dadurch, daß sie nur vier Kilometer vom gleichnamigen Paß entfernt liegt, dessen Überquerung eine Vielfalt an wunderschönen Landschaftsbildern eröffnet. Auch ist der Ort Ausgangspunkt für viele schöne Wanderungen und Touren, die durch den Arthur's Pass National Park (→*Nationalparks*) führen.

Arthur's Pass / **Praktische Informationen**

Essen und Trinken: Im *Arthur's Pass Store & Tearoom* gibt es kleinere Gerichte und Imbisse, billiger ist das *Chalet Restaurante*, beide im Zentrum.

Unterkunft: In der Ortsmitte findet man für 10 $ pro Person Unterkunft im *Sir Arthur Dudley Dobson Memorial Hostel*. Direkt an der Hauptstraße liegt das *Alpine Motel*, DZ 55/EZ 25 NZ$.

Wichtige Adressen
Alle nötigen Informationen erhält man im „National Park Visitor Center" im Zentrum: Tips für Wanderwege und Touren sowie eine „vage" Wettervorhersage.

Auckland

Die „heimliche" Hauptstadt Neuseelands, die es früher einmal tatsächlich war und in den Zeiten des Goldrausches ihren Status an Wellington (→dort) verloren hat, ist Auckland — mit etwa 900 000 Einwohnern die größte Stadt Neuseelands. Neben dem internationalen Flughafen, der meist Anfangs- und Endstation eines Neuseelandaufenthalts ist, sind auch die zwei Häfen von wesentlicher Bedeutung. Ferner wird Auckland auch als „Polynesische Hauptstadt" bezeichnet, denn viele Inselbewohner des Südpazifiks haben sich hier eine neue Heimat gesucht, wohl auch, weil sie sich von dem dortigen Wohlstand und dem wachsenden Handel etwas versprechen. Auckland hat somit die höchste Bevölkerungszahl polynesischer Einwohner auf der ganzen Welt.

In Auckland, das sowohl am Hauraki-Golf als auch an der Tasman See (→*Geographie*) liegt, findet man die rege Geschäftigkeit aller Großstädte der Welt. Natürlich auch Kunst, Kultur, Unterhaltung und „Leben". Zu Beginn einer Neuseelandreise ein guter Ort, um sich vielseitig zu informieren oder den Aufenthalt weiter zu planen am Ende einer Reise eine Gelegenheit, sich nach all der „Natur pur" wieder so richtig ans Stadtleben zu gewöhnen.

Auckland / **Geschichte**

Der Gründungstag Aucklands wird auf den 18. September im Jahre 1840 datiert, als Neuseelands erster Gouverneur, William Hobson, die Stadt zur Hauptstadt erklärte. Zuvor waren alle wichtigen Belange von Russell (→dort) aus erledigt worden. Vor 1840 herrschten blutige Kämpfe zwischen den verschiedenen Maori-Stämmen, die das dortige Gebiet schon lange vor dem Eintreffen der ersten Europäer in Besitz genommen hatten. Darum heißt Auckland in der Maori-Sprache auch Tamaki (= Krieg). Zwischen den Weißen und den Maori gab es in den Anfangszeiten der Stadt ebenfalls häufig Unruhen.

Nachdem in den sechziger Jahren des 19. Jahrhunderts der Goldrausch immer größere Ausmaße annahm, ernannte man die Handelsstadt Wellington (→dort) zur Hauptstadt. Dies ist seither so geblieben, obwohl sich viele wesentlichen Dinge in Auckland abspielen. So sprechen die Neuseeländer heute augenzwinkernd — sofern sie nicht selbst betroffen sind — von einem Kleinkrieg zwischen den beiden Städten Auckland und Wellington, die sich in vielen Bereichen den „Rang ablaufen wollen".

Auckland / **Sehenswürdigkeiten**

Ganz einfach ist es nicht, sich in Auckland zurechtzufinden, da das Straßennetz von Anfang an nicht gerade planmäßig angelegt wurde. Dennoch läßt sich ein Stadtkern ausmachen. Um ihn zu erkunden, beginnt man am besten mit einem Gang über die *Queen Street*, die Hauptgeschäftsstraße. Direkt am Queen Elisabeth Square, an dem sich ein sehenswertes, bronzenes Denkmal eines Maori-Kriegers befindet, liegt das schöne Hauptpostamt, schräg gegenüber die Airline Terminal und ein Einkaufszentrum.

Auckland — die polynesische Hauptstadt

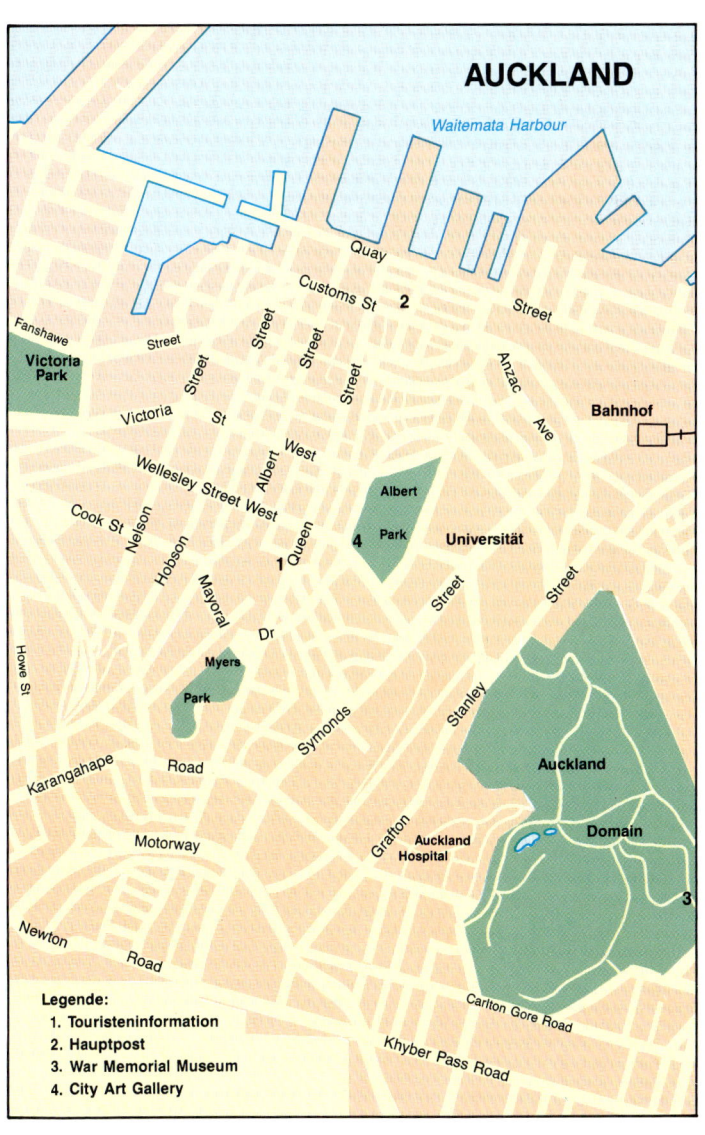

Biegt man von der Queen St. vom Hafen kommend in die Victoria St. West links ab, kann man sich vom Einkaufsrummel im *Albert Park* erholen. Von hier aus sieht man auf den Campus der Universität.

Das sehenswerte Ende der Queen St. markiert die *Auckland Town Hall*, das Rathaus. Eine kurze Besichtigung lohnt sich nicht nur wegen der imposanten Repräsentationsräume, sondern auch wegen des größten Kauriholzblockes (→*Waipua Kauri Forest*) der Welt, der im Foyer zu sehen ist.

Lohnenswert ist ein Besuch im *Auckland Zoo*, bekommt man hier neben vielen Tierarten doch endlich einmal einen echten Kiwi (→dort) im Nachthaus zu sehen. Fast noch interessanter sind hier die Tuataras, die neuseeländischen Echsen. Täglich geöffnet von 9.30 bis 17 Uhr, Eintritt 8 NZ$.

Kelly Tarlton's Underwater World liegt an der Orakei Wharf am Tamaki Drive. Ein durchsichtiger Tunnel macht's möglich, daß man sich unter anderem durch gefährlich aussehende Haie bewegen kann. Täglich kann man sich hier von 9 bis 21 Uhr mit den Meeresbewohnern vertraut machen, Eintritt 7.50 NZ$.

Einige Kilometer vom Stadtzentrum entfernt kann man den *One Tree Hill* besteigen. Auf dem 183 Meter hohen Vulkankegel war einstmals ein befestigtes Maori-Dorf, heute steht auf dem Gipfel ein Obelisk. Als weiterer guter Aussichtspunkt empfiehlt sich der *Mt. Eden*, ein 196 Meter hoher, erloschener Vulkan.

Auckland / **Museen und Galerien**

Wer nur noch wenig Zeit zur Verfügung hat, sollte sich wenigstens das *Auckland War Memorial Museum* nicht entgehen lassen. Leicht erhoben liegt es in der riesigen Parkanlage Auckland Domain, der ältesten städtischen Anlage, die auch einen Botanischen Garten beherbergt. Hier findet man die vielfältigste Ausstellung zum Thema Kunst und Kultur der Maori, ebenso zahlreiche allgemeine Informationen über das polynesische Volk. Auch über die neuseeländische Flora und Fauna der heutigen und der voreuropäischen Zeit wird man aufgeklärt. So sieht man den bereits ausgestorbenen straußenartigen Moa, einen Laufvogel, der den ersten Einwohnern Aotearoas (→dort) als Nahrung diente. Der Eintritt ist frei; 4 NZ$ zahlt man für eine Maori-Vorführung, die sehenswert ist. Hier kann man sich ein Bild über die Tänze und Gebräuche der Maori machen. Besonders spektakulär ist der Kriegstanz „Haka". Das Maori-Konzert beginnt jeweils um 10.30 und um 12.45 Uhr. Öffnungszeiten montags bis samstags von 10 bis 17 Uhr, sonntags von 11 bis 17 Uhr.

Maschinen aller Art hat man im *Museum of Transport & Technology* an der Great North Rd. zusammengetragen. Viele Oldtimer erfreuen das technisch versierte Auge. Ansonsten wird hier auf dem Gelände eher das Gehör angesprochen: Hier fin-

Auckland 13

den im Sommer die beliebten Rockkonzerte statt. Das Museum ist von 9 bis 17 Uhr geöffnet, samstags und sonntags von 10 bis 17 Uhr. Eintritt 8 NZ$.
Die 1888 eröffnete *City Art Gallery* an der Ecke Wellesley St. East/Kitchener St. zeigt Werke neuseeländischer Kunst über die ganze Bandbreite der Entstehung hinweg. Sie ist von 10 bis 16.30 Uhr geöffnet, der Eintritt ist frei.

Auckland / **Praktische Informationen**

Ärztliche Versorgung: Auckland Hospital, Grafton Rd., Tel. (09) 797-440 oder Dr. R.W. Leitch, 11 Woodford Ave., Mt. Eden, Tel. (09) 610-477.
Automobile Association: Ecke Albert St./Wyndham St.
Autovermietungen: Sehr viele Büros befinden sich am Flughafen, ,,Avis'' gibt es z.B. noch in der 22 Wakefield St. oder ,,Hertz'' in der 154 Viktoria St. West. ,,Greens Rent-a-Car'' befindet sich in der 89 Great South Rd., ,,Buckwiser'' in der 120 Great South Rd.
Bank: Bank of New Zealand, Flughafen.
Thomas Cook Geldwechsel, Ecke Customs St./Queen St. (auch samstags von 9 bis 13 Uhr).
Bademöglichkeiten: Sind nur an den Stränden im Norden und Osten der Stadt zu finden. Die Westküste ist zu rauh.
Einkaufen: Queen St. (Hauptgeschäftsstraße und Fußgängerzone), hier findet man einfach alles.
Essen und Trinken: In Auckland kommt sowohl der Take away-Liebhaber als auch der Gourmet auf seine Kosten. Ob ,,neuseeländisches'' Sandwich, chinesische, indische oder vegetarische Küche — man kann ,,mal kurz essen gehen'' oder vornehm ,,dinieren''.
Zu den guten und preiswerten Restaurants zählt das *Middle East*, 23 A Wellesley St., für Liebhaber von Kebab, Salat und Pita. Empfehlenswerte italienische Küche findet man im *Pisiani's* , 43 Victoria St., und wer's mexikanisch liebt, lenkt seine Schritte zur 47 High St. in das *Hard to Find Café*.
Vegetarische Küche gibt es in einigen Restaurants in der Gegend um die High und Lorne St. Die wohl größte und sehr gute Auswahl bietet das *Dominoes' Café*, 4 Lorne St. Etwas preiswerter ist das *Simple Cottage* in der 50 High St.
Snacks und billige Zwischenmahlzeiten gibt es im *Peppercorns* am Downtown Busterminal (Hafennähe), in der *Boulangerie Croix du Sud*, Ecke High St./Victoria St. West, und in der Cafeteria der Universität.
Pubs gibt es überall, meist wird auch hier über Mittag eine Kleinigkeit zu essen angeboten.

Nachtleben: In Auckland ist viel geboten. In den unzähligen *Pubs* ist oft Live-Musik angesagt, auch in den Hotels steht fast immer Unterhaltung auf dem Programm. *Hotel De Brett*, Ecke Shortland/High St., hat jeden Abend etwas zu bieten, ebenso *Abby's* an der Ecke Albert/Wellesley St.

Unterkunft

Hotels „vom Feinsten" und für den großen Geldbeutel sind das Hotel *Hyatt*, Princes St., Tel. 3-661-234, 264 NZ$ pro Person, das *Regent*, Albert St., Tel. 398-882, 365 NZ$ pro Person oder das *Sheraton Hotel*, 83 Symonds St., Tel. 795-132.

Kleinere Hotels und Gästehäuser gibt es wie Sand am Meer. Als Beispiele seien genannt *Abby's Hotel* an der Ecke Albert/Wellesley St., Tel. 3-034-799, DZ 83/EZ 70 NZ$, das *Aachen House*, 39 Marked Rd., Tel. 5-202-329, DZ 68/EZ 45 NZ$, das *Railton Privat Hotel*, 411 Queen St., Tel. 796-487, DZ 66/EZ 46 NZ$ oder das *Esplanade Hotel*, Victoria Rd., Tel. 451-291, DZ 50/EZ 35 NZ$.

Das *Mt. Eden Youth Hostel* findet man in der 5A Oaklands Rd. in Mt. Eden, Tel. 603-975, Übernachtung pro Person 12 NZ$, eines der Backpacker Hostels ist das *Georgia Hostel* in der 189 Park Rd., Grafton, Tel. 399-560, Übernachtung im Schlafsaal 13 NZ$, im DZ 30 NZ$.

Die Campingplätze liegen wie so oft leider nicht sehr zentral, sind aber dennoch empfehlenswert. Etwa acht Kilometer nördlich vom Zentrum findet man den *Takapuna Tourist Court* in der 22 The Promenade in Takapuna, Tel. 497-909. Hier gibt es Zeltplätze für 8 NZ$, auch Stellplätze für Wohnmobile oder kleine Häuschen können bezogen werden. Südlich von Auckland in etwa gleicher Entfernung vom Zentrum befindet sich die *Remuera Motor Lodge*, 16A Minto Rd., Tel. 545-126, Preise ab 9 NZ$.

Wer nicht auf gut Glück losziehen möchte, bekommt in den Touristenbüros die ganze Palette verschiedenster Unterkünfte mit Preisen vorgelegt. Meist kann man dort auch Auskunft darüber geben, welches Hotel, Motel oder Gästehaus bereits belegt ist.

Verkehrsverbindungen

Bus

Von Auckland aus starten viele Busunternehmen zu größeren Städten oder zu nähergelegenen Sehenswürdigkeiten. Am preisgünstigsten sind meist die Fahrten mit der NZRRS (New Zealand Railways Road Services — staatliche Bahn- und Busgesellschaft). Ferner kommt man mit öffentlichen Bussen billig durch ganz Auckland und in die umliegenden Ortschaften. Der Busterminal ist in der Commerce St. hinter dem Hauptpostamt. Von hier aus kann man auch zu einer umfassenden Stadtrundfahrt mit „Explorer Bus" starten. Jede halbe Stunde fährt der Airport Bus vom

---

Das Museumsdorf Whakarewarewa betritt man durch das geschnitzte Eingangstor ▶

Downtown Airline Terminal zum Flughafen. Der einfache Fahrpreis für Erwachsene: 8 NZ$.

Flugzeug

Von Auckland aus kann man alle größeren Städte der Inseln bequem mit den innerörtlichen Linien erreichen. Das Monopol hat Air New Zealand, aber auch Mt. Cook Airline, Ansett Airline und kleinere Gesellschaften fliegen andere Städte an.

Schiff

Täglich von 7 bis 9 Uhr und von 15 bis 18.30 halbstündlich, bis 23 Uhr zu jeder vollen Stunde fährt die Fähre nach Devonport (Takapuna). In umgekehrter Richtung von 6.30 bis 9.30 Uhr und 15.30 bis 18.30 Uhr halbstündlich, bis 23.15 Uhr zu jeder vollen Stunde. Auch Ausflüge zu den Inseln von Auckland werden von der Queens Warft aus gestartet.

Taxis finden sich zur Genüge, Taxistände sind als solche gut erkennbar.

Wichtige Adressen

NZTP — Touristeninformation: 99 Queen St., montags bis freitags von 8.30 bis 17 Uhr, samstags von 9.30 bis 12 Uhr.

Auckland Visitors Bureau: 299 Queen St., montags bis freitags 8.30 bis 17 Uhr, am Wochenende 9 bis 15 Uhr.

Deutsches Konsulat: 17 Albert St.

Österreichisches Konsulat: 1 Mc Coll St.

Schweizer Konsulat: 48 Carr Rd.

Polizei: Auckland Central Police Station, Vincent St., Tel. (09) 797-240.

Post: Queen St. in Hafennähe.

Auskunft

NZTP ist die „Zauberformel" für den Touristen. Die Büros dieses „New Zealand Tourist and Publicity Department" sind in jeder großen Stadt zu finden. Hauptbüros gibt es in Auckland, Rotorua, Wellington, Christchurch, Dunedin und Queenstown, (→jeweils dort). Sie sind ausreichend mit Informationsmaterial jeglicher Art ausgestattet, Stadtpläne und Karten für verschiedene Attraktionen in der näheren Umgebung gibt es meist gratis. Die NZTP-Angestellten sind gut über aktuelle Veranstaltungen informiert und geben individuelle Tips. Bei Buchungen von Ausflügen oder Unterkünften ist man dort gerne behilflich.

In Städten ohne NZTP sowie auch in fast allen Ortschaften findet der Reisende kleinere „Tourist Offices", in denen er freundlich bedient wird. Informationsmaterial steht in großer Auswahl zur Verfügung. Aber fast überall gilt: Deutsch wird sehr selten gesprochen.

Ausrüstung

Selbst in der neuseeländischen Sommerzeit ist ein warmer Pullover ein notwendiger Reisebegleiter. Ebenso ist regenfeste Kleidung angebracht. Wer die Schönheit der verschiedenen Nationalparks (→dort) entdecken möchte, braucht festes Schuhwerk (Trekkingschuhe sind empfehlenswert). Außerdem sollte man einen kleinen Rucksack mitnehmen, in dem man notwendige Dinge verstauen kann.

Ausweispapiere →*Dokumente*
Autobahngebühren →*Reisen im Land*

Automobilclubs

Automobile Association (AA) ist der Wegweiser durch das ganze Land. Nicht nur, weil diese Automobilgesellschaft für die — übrigens ausgezeichnete — Beschilderung der Straßen verantwortlich ist. Auch über jedes einzelne Motorcamp weiß man in den AA-Büros Bescheid. Als Mitglied der Automobile Association — ADAC-Mitglieder genießen nach Vorlage des gültigen ADAC-Ausweises denselben Status — erhält man detaillierte Streckenkarten, ausgezeichnete Land- und Straßenkarten sind oft kostenlos. Mitglieder der AA erfahren auf Neuseelands Straßen die Schnelligkeit der routinierten Pannenhilfe oder den Abschleppdienst im ganzen Land. Die Büros der Automobile Association findet man in Auckland, Wellington und Christchurch (→jeweils dort), aber auch in anderen Städten und Ortschaften.

Autovermietungen

In allen Städten der Nord- und Südinsel gibt es verschiedene Autovermietungen. So lohnt sich auf jeden Fall ein Preisvergleich, besonders wenn man, wie oft üblich, mit den „Motorhomes", den Wohnmobilen, auf Entdeckungsreise gehen will. Besonders beliebt sind die Firmen „Maui" in Auckland und Christchurch (→jeweils dort), „Breakaway" in Auckland, Christchurch, Taupo, Napier und Hastings (→jeweils dort) und „Newman". Andere Firmen wie „Rhodes", „Hertz" und „Avis" haben auch Personenkraftwagen im Angebot. Während sich hier der Tagessatz zwischen 52 und 77 NZ$ für ein kleines Auto bewegt, zahlt man für ein „fahrendes Haus" pro Tag zwischen 110 und 160 NZ$. Die Bedingungen sind bei den meisten Anbietern vergleichbar: Das Mindestalter des Entleihers ist 21 Jahre. Obwohl ein europäischer Führerschein eigentlich genügt, ist ein internationaler günstiger. Generell muß eine Kaution in Höhe von 350 bis 550 NZ$ hinterlegt werden, die man zurückerstattet bekommt, sobald der fahrbare Untersatz unbeschädigt zurückgebracht wird. Bei den oben genannten Preisbeispielen zahlt man für den einzelnen Tag, nicht für die gefahrenen Kilometer. Manche Autovermieter schließen in die Vermietung die Privilegien der Automobile Association (→dort) mit ein. Ob pro Tag noch eine zusätzliche Versicherung abgeschlossen werden muß, ist unterschiedlich. Die gute Organisation und Ausstattung der einzelnen Autovermietungen gewährleistet in der Regel ein sicheres, problemloses Reisen.

Bahnverbindungen →Reisen im Land

Banks Peninsula

Die Halbinsel Banks Peninsula liegt an der Ostküste der Südinsel und bietet sich als schönes Ausflugsziel von Christchurch (→dort) aus an. Die beiden natürlichen Häfen Lyttelton und Akaroa sind aus erloschenen Vulkankratern entstanden. Diese geologische Vergangenheit sieht man auch an den erstarrten Lavaströmen, die sich von den Höhen der Halbinsel herab zum Meer ziehen und zu Steilküsten abfallen. Dazwischen liegen idyllische Sandbuchten.
Lyttelton, wichtiger Exporthafen, ist mit Christchurch durch einen zwei Kilometer langen Tunnel verbunden. Als Sehenswürdigkeit hat es die *Timeball Station* zu bieten; ein Gebäude, über dessen Dach ein Ballon schwebt. Anhand dessen konnten Segler ihren Chronometer einstellen (Besichtigung ist möglich).
Akaroa wurde als einzige Siedlung Neuseelands von den Franzosen gegründet und ist heute ein kleines Fischerdorf.

Bay of Islands

Eines der schönsten Fleckchen der Welt, nicht nur für Freunde des Segelsports, ist die Bay of Islands, im Norden der Nordinsel an der Ostküste gelegen. Rund 150 kleine und größere Inseln, die heute nicht mehr bewohnt sind, bieten ein imposantes Bild. Den eigenen Wünschen entsprechend kann man hier Ruhe und Abgeschiedenheit, aber auch vielseitige Aktivität erleben. Ob Segelturn, Hochseefischen oder einfach nur Baden und Ausspannen, die Bay of Islands ist einen Aufenthalt wert. Das Hauptzentrum der Bay of Islands ist das kleine Städtchen Paihia, wichtige Ortschaften sind ferner Russell und Opua (→jeweils dort). Und die Bay ist auch „geschichtsträchtig": Befand sich doch hier die erste Ansiedlung von Europäern in Neuseeland.

Ein beliebtes Seglerziel in der Bay of Islands ist das Hole in the Rock

Bay of Plenty

Die große Bucht an der Ostküste des oberen Teils der Nordinsel, die Bay of Plenty, wird durch die Coromandel Peninsula (→dort) vom Hauraki Gulf getrennt. Bekannt ist sie durch ihre reichen Obstgärten und die außerordentlich guten Surfstrände, die für Aktive, aber auch für Zuschauer immer etwas zu bieten haben. Kapitän James Cook war es, der der Bucht ihren Namen gab: Nach einem ersten Anlegeversuch war er von den Maori kriegerisch empfangen worden. So setzte er wieder Segel und versuchte es ein zweites Mal in der Bay of Plenty, die er so nannte, da er hier friedlich und mit Geschenken, darunter auch lebenswichtigen Dingen für seine Schiffsbesatzung, empfangen wurde. Die bedeutendste Stadt dieses Gebietes ist Tauranga (→dort). Östlich davon steht als Wahrzeichen der Mt. Maunganui (232 m), zu dessen Füßen sich der gleichnamige Badeort erstreckt. Er ist ein vielgerühmtes Ferienziel der Neuseeländer *(→Maunganui)*.
Ein touristisches Zentrum ist die Bay of Plenty auch deshalb, weil hier das ganze Jahr über ein konstantes, mildes Klima herrscht und man sich so zu jeder Jahreszeit hier wohlfühlen kann.

Benzin

Diesel und Benzin sind überall erhältlich, Tankstellen, an denen es meist nur Superbenzin gibt, findet man selbst in kleineren Ortschaften. Diesel kostet etwa 74 Cent, Normalbenzin 88 Cent und Super 90 Cent.

Bevölkerung

Geprägt wird das immer vielseitiger werdende Völkergemisch der rund 3,3 Millionen Einwohner in erster Linie von den Pakehas, wie die Maori die weißhäutigen Neuseeländer nennen. Der Bevölkerungsanteil der Maori ist heute gering, er beträgt rund 8 %.

Der Pakeha kann seine zumeist britische Abstammung weder durch sein Aussehen noch durch seine Art verleugnen. Er ist von einer regen Geschäftigkeit, arbeitsam und korrekt. Ob typischer Farmer-Charakter oder Geschäftsmann, eine vornehme Zurückhaltung spürt man oft. Was aber keinesfalls die Hilfsbereitschaft, Freundlichkeit und Herzlichkeit ausschließt, mit der die Menschen am „anderen Ende der Welt" jedem Fremden begegnen. Und bei aller Weltoffenheit und dem Interesse für andere, spürt man bei Gesprächen deutlich den Stolz und die Liebe, die der Neuseeländer für seine Heimat empfindet.

Mit den Maori in Kontakt zu kommen, ist nicht ganz so einfach. Man spürt zwar selten Abneigung oder Groll den „Weißen" gegenüber, mitunter aber eine bewußte Distanz. Und während es viel Pakehas — nach europäischen Maßstäben — „zu etwas gebracht haben", leben die Maori oftmals einfach und zurückgezogen, am liebsten unter ihresgleichen. An diesen Menschen faszinieren ebenfalls Herzlichkeit, Hilfsbereitschaft, die Liebe zu Land und Natur. In vielen Maori-Gruppen spürt man Resignation, denn ihr Status in Sachen Ausbildung, Arbeitsplatz und Gesellschaftsstand ist oftmals doch nicht mit dem der Pakehas zu vergleichen. Auch ist das Problem der Arbeitslosigkeit in dieser Bevölkerungsgruppe nicht zu unterschätzen.

Dennoch ist das Völkergemisch geprägt von friedlichem Neben- oder Miteinander. Großgeschrieben wird bei den Neuseeländern die Freizeitaktivität. Sport und Reisen — am liebsten im eigenen Land — haben für die Menschen einen hohen Stellenwert.

Blenheim

Die Stadt Blenheim ist zwar nicht von großer Bedeutung für den Durchreisenden, aber sie ist das Zentrum der Region Nelson (→*Regionen*) und die größte Stadt der

Blenheim 21

Marlborough Sounds (→dort). Durch das trockene und stets sonnenreiche Klima hat sich Blenheim auch zum Zentrum eines bedeutenden Wein- und Obstanbaugebietes entwickelt. Vorwiegend Äpfel- und Kiwiplantagen liegen in dieser Region. Die rund 24 000 Einwohner sind hauptsächlich in diesen Bereichen beschäftigt, der Tourismus rangiert an zweiter Stelle.

Blenheim / **Sehenswürdigkeiten**

Als Überbleibsel aus einer kriegerischen Vergangenheit kann man in Blenheim noch eine alte Kanone eines Walfangschiffes, *Blenkinsopp's gun* bewundern. Diesen Zeitzeugen findet man an der Ecke High St./Seymons St. Als weitere Attraktion hat Blenheim noch seine wunderschönen, erholsamen Parks zu bieten.

Blenheim / **Praktische Informationen**

Ärztliche Versorgung: Dr. Deirdre Ahern, 16 Francis St., Tel. (057) 85-599.
Autovermietung: „Avis" in der 42 Scott St.
Essen und Trinken: Für einen kleinen Snack oder Imbiß findet sich im Stadtkern fast an jeder Ecke etwas. Auch die zahlreichen Cafés bieten verschiedene Kleinigkeiten an. Generell aber hat die Gastronomie einen weiten Bogen um Blenheim gemacht, ein vornehmes Restaurant findet sich nicht. Italienisch essen kann man im *Pizza Hut* an der Main St.

Unterkunft
Unterkunft findet man in *The Blenheim Country Lodge*, Ecke Alfred/Henry St., Tel. 85-079, DZ/EZ 105 NZ$. Im Zentrum liegt das *Bings Motel* , 29 Maxwell Rd., Tel. 86-199, DZ/EZ 66 NZ$. Ein weiteres gutes Motel ist *Middle Park Lodge*, 138 Middle Renwick Rd., Tel. 83-329, DZ 70/EZ 58 NZ$.
Als Gästehaus empfiehlt sich das *Koanui Guest House* in der Main St., Tel. 87-487. Zimmer mit Frühstück gibt es hier für DZ 60/EZ 36 NZ$.
Die Auswahl für Camper oder Wohnmobilreisende ist gut. Man kann wählen zwischen *A1 Motor Camp* in der 78 Grove Rd., Tel. 83-667, Zeltplatz 7 NZ$ pro Person und dem *Blenheim Auto Court* in der 27 Budge St., Tel. 87-419, Übernachtung 6 NZ$ oder dem *Spring Creek Holiday Park*, der sich acht Kilometer außerhalb der Stadt in Richtung Picton befindet, Tel. 893.

Wichtige Adressen
Informationszentrum: Ecke Queen/Arthur St., wochentags von 9 bis 17 Uhr geöffnet.
Polizei: Police Station, 8 Main St., Tel. (057) 85-279.
Post: an der Mündung der Main St. in die Market/Scott St.

Botschaften und Konsulate

In Deutschland findet man die Neuseeländische Botschaft im Bonn Center H.I. 902, Bundeskanzlerplatz, 5300 Bonn 1, Tel. 02 28/228-070.
In Österreich ist die Neuseeländische Botschaft im Lugeck 1, 1011 Wien, und in der Schweiz findet man das Neuseeländische Generalkonsulat im 28 A chemin du Petit-Saconnex, 1209 Genf.
Die Deutsche Botschaft in Neuseeland ist in der 90-92 Hobson St., Thorndon, Wellington, Tel. 736-063 zu finden, das Deutsche Generalkonsulat in der Queen's Arcade, Auckland, Tel. 370-802.

Busbahnhof, Busverbindungen →*Reisen im Land*

Camping

Da die Neuseeländer selbst ein reiselustiges Volk sind, ist an Campingplätzen nicht gespart worden. In großen Städten hat man meistens Auswahl, aber auch jede kleine Stadt und viele Ortschaften verfügen über Stellplätze für Zelte. Ebenso ist in der Nähe vieler sehenswerter Ausflugsziele eine Campinganlage plaziert. Sehr verbreitet sind die kleinen „Cabins". Das sind Häuschen, in denen zwei bis acht Personen Platz finden. Je nach Größe und Preisklasse sind sie für Selbstversorger und Rucksackreisende gedacht, die vom Schlafsack angefangen bis zum Geschirr alles mitbringen, oder sie sind mit Bettwäsche und sämtlichen Küchenutensilien ausgestattet. Stellplätze und Anschlüsse für Wohnmobile sind ausreichend vorhanden. Angenehm überrascht ist man des öfteren von kleinen Campingplätzen, die ebenso wie die großen nicht nur einen gemütlichen Eß- und Aufenthaltsraum mit angeschlossener Küche haben, sondern neben den üblichen sanitären Einrichtungen auch Waschmaschinen und Trockner zur Verfügung stellen. Selbst verwöhnte Camper werden von der Sauberkeit der Anlagen begeistert sein.
Die Campingplätze, meist am Stadtrand gelegen, locken nicht zuletzt auch durch ihre annehmbaren Preise, 7 NZ$ pro Nase sind der Durchschnitt. Zur Hauptreisezeit von Dezember bis Februar kann es allerdings eng werden, denn auch die Neuseeländer sind gerne mit dem Zelt oder dem Wohnmobil unterwegs.
Doch auch am wilden Zelten stört man sich in „Aotearoa", dem Land der langen weißen Wolke, wenig. Besser ist es jedoch, wenn man den Farmer oder Besitzer, auf dessen Grund und Boden man zelten will, vorher fragt. So ergeben sich obendrein fast immer nette Kontakte, und man gewinnt Einblick in den neuseeländischen Alltag.

Cape Kidnappers

An der Ostküste der Nordinsel, wenige Kilometer südlich von Hastings (→dort), liegt das Cape Kidnappers, das seinen Namen nicht zu Unrecht trägt. 1769 versuchten die Maori dort, einen Tahiti-Schiffsjungen von Kapitain James Cook zu entführen. Heute ist das Cape aus einem anderen Grund von großer Bedeutung: Hier gibt es eine Tölpelkolonie zu bewundern, und man sagt, es sei die einzige Kolonie dieser Zugvögel auf der Welt, die auf dem Festland so nahe in bewohnter Umgebung zu finden ist. Die Tölpelkolonie ist Besuchern von November bis April zugänglich, nachdem die Jungvögel geschlüpft sind. Erreichen kann man sie „per pedes".
Diese Wanderung entlang der Steilküste ist sehr zu empfehlen, doch sollte man sich im Publik Relation Office in Napier (Tel. 54-949) nach den Gezeiten erkundigen, da man nur bei Ebbe wandern kann. Die einfache Strecke hat eine Länge von etwa acht Kilometern. Man kann sich aber auch mit Allrad-Jeeps oder Traktoren zur Tölpelkolonie fahren lassen.

Cape Reinga →*Ninety Mile Beach*

Christchurch

Christchurch ist eine der schönsten Städte Neuseelands und liegt auf der Südinsel in der Region Otago (→*Regionen*). Christchurch hat den Ruf, die englischste Stadt Neuseelands zu sein. Und sie macht diesem Ruf auch alle Ehre. Sie ist eine ruhige, beschauliche Stadt am Fuß des Port Hill mit viel kulturellem Leben, durch deren Straßen und Gassen ein ganz besonderer Wind weht. Ordentlich und aufgeräumt erscheint das Stadtbild, das malerisch durch den Fluß Avon unterbrochen wird, der sich in zahlreichen Windungen durch die planmäßig angelegte „City" schlängelt. Ein buntes Völkergemisch ist hier zu beobachten, nicht zuletzt durch die gute Universität. So zählt die Stadt insgesamt rund 290 000 Einwohner. Dazu natürlich jährlich noch viele Gäste, denn schließlich findet der Urlauber hier alles, was das Herz begehrt: Unterhaltung, Kultur, gute Einkaufsmöglichkeiten, abwechslungsreiche Sehenswürdigkeiten, interessante Menschen.

Christchurch / **Geschichte**

Im Jahr 1850 kamen die ersten Europäer nach Christchurch und begannen, am Flußlauf des Avon ihre Häuser zu errichten. Es waren Menschen, die der 1848 in England gegründeten „Canterbury Society" angehörten und die in vier Schiffen nach Neuseeland ausgesandt worden waren, um in Christchurch ihre religiösen Ideen zu verbreiten. Große Erfolge hatten die Einwanderer in dieser Richtung allerdings nicht zu verzeichnen. Durch seine gute Lage zog Christchurch sehr bald eine Vielzahl von Schaffarmern und anderen Auswanderern aus aller Herren Länder an, weltliche Belange wurden über die geistlichen gestellt.

Christchurch / **Sehenswürdigkeiten**

Einen Stadtrundgang beginnt man am besten am *Cathedral Square*, dem hübschen Platz in der Stadtmitte, an dem nicht nur imposante Gebäude stehen, sondern der auch Treffpunkt für jung und alt ist. Besonders schön ist die Kathedrale selbst, die *Christchurch Cathedral*. Sie ist ein beeindruckendes Bauwerk, dessen Turm man besteigen kann. So gewinnt man einen Gesamteindruck von der ganzen Stadt (von 9 bis 16 Uhr geöffnet). Von 1864 bis 1881 wurde an dieser Kirche gebaut, die als die schönste neugotische Kirche Neuseelands gilt. Besonderheiten der „Christchurch Cathedral": die Glasfenster, die Selwyn-Memorial-Kanzel und das große Wandmosaik.

Ins Auge springt am Cathedral Square auch das schöne Postgebäude. Wer sich eine Weile auf dem Platz aufhält, macht sicher auch die Bekanntschaft des *Wizard*, der Person, die aus Christchurch ebenso wenig wegzudenken ist wie die Kathedrale. Jeden Tag kommt die exzentrisch aussehende Gestalt, ein Mann in schwarzer Robe, oft mit sonderbarer Kopfbedeckung, langem Haar und wallendem Bart, und hält Reden, die gegen Gott und die Welt gerichtet sind. Mögen seine Ansichten, die er meist lauthals verkündet, oftmals abnorm erscheinen, sein „Auftritt" macht den Menschen Spaß.

Das nächste Ziel ist das *Arts Centre*, das an der Ecke Worcester St./Rolleston Ave. liegt. In den ehemaligen Universitätsgebäuden, die im neugotischen Stil erbaut wurden, fühlt man sich schon beim Herumschlendern sehr wohl. Die verwinkelten Gänge, Türmchen und Erker bieten mit dem schön angelegten Innenhof ein besonderes Bild. 1873 wurde hier das „Canterbury College" gegründet, nachdem man sich schon 25 Jahre lang mit der Idee getragen hatte, eine Universität in Christchurch zu gründen. Die Zahl der Studenten nahm stetig zu, die Universität wurde zu klein, schließlich lagerte man sie aus. So konnte 1978 auf dem Campus das Arts Centre seinen Einzug halten, das zum größten Kunstzentrum Neuseelands geworden ist. Hier bekommt man Einblick in zahlreiche Werkstätten und kann im dazugehörenden Laden gleich einkaufen: Leder-, Holz-, Keramik- oder Glasarbeiten, die zum Teil sehr schön und individuell, zum Teil auch vom Souvenirstil geprägt sind. Interessant auch das „Riti Rangi", die Maori-Schnitzwerkstatt, deren Kunstwerke wirklich sehenswert sind. Neben den Handwerksläden sind im Arts Centre unter ande-

Christchurch 25

rem noch vier Theater, eine Galerie, ein ausgezeichneter Buchladen, eine Musikschule und eine Tanzakademie untergebracht.

Genug vom Stadttrubel? Jenseits der Rollestone Ave. erstreckt sich der großzügig angelegte *Hagley Park* , der die *Botanic Gardens* mit einschließt. Hier kann man spazierengehen, Natur genießen, Vegetation studieren oder nur in schöner Umgebung ausruhen.

Schön ist es auch, Christchurch per Fahrrad zu erkunden. Da die Stadt schachbrettartig aufgeteilt ist und eben liegt, ist dies eine gute Alternative. Oder man mietet sich ein Boot oder Kanu und paddelt damit den Stadtfluß Avon entlang.

Lohnenswert ist ein Ausflug zum *Orana Park Wildlife Trust*, in der Nähe des Flughafens an der Mc Leans Island Rd. Von 10 bis 17 Uhr kann man hier täglich Kamele, Tiger, Wasserbüffel, Zebras und viele andere Tiere beobachten. Der Eintritt beträgt 7 NZ$.

Ferner bietet sich ein Trip über den *Dyers Pass* zur *Banks Peninsula* (→dort) an. Auf diesem Weg passiert man *Lyttelton Harbour*, den Exporthafen Christchurchs. Hier kann man einige Hafenrundfahrten unternehmen. Danach sollte man sich aber die Schönheit der Halbinsel nicht entgehen lassen.

Christchurch / **Museen und Galerien**

Ausstellungsstücke über die frühe Kolonialzeit gibt es im *Canterbury Museum*, Rollestone Ave., am Eingang zum Botanischen Garten. Besonders hervorzuheben ist zum einen die Nachbildung einer Christchurcher Straße aus der Jahrhundertwende. Zum anderen die Dokumentationen über die Antarktis-Expeditions-Geschichte, die eng mit der Stadt Christchurch verbunden ist. Geöffnet ist das Museum täglich von 10 bis 16.30 Uhr, der Eintritt ist frei. Direkt hinter dem Museum liegt die *Robert Mc Dougall Art Gallery*. In ihr werden beeindruckende Ölgemälde von Maori-Häuptlingen ausgestellt, ebenso Werke internationaler „Altmeister" oder neue Exponate von neuseeländischen Künstlern.

Galerien, die sich in erster Linie auf neuseeländische Kunst und Kunsthandwerk spezialisiert haben, sind die *CSA Gallery* in der 66 Gloucester St., die *Brooke & Gifford Gallery*, 112 Manchester St. oder im Arts Centre die *Gingko Gallery*.

Christchurch / **Praktische Informationen**

Ärztliche Versorgung: Christchurch Hospital, Riccarton Ave., Tel. (03) 640-640. Oder City Medical Centre, 784 Colombo St., Tel. (03) 666-160.

Automobile Association: Büro an der Ecke Herefort/Madras St.

Autovermietung: Da alle gängigen Autovermieter in Christchurch vertreten sind, hier nur eine Auswahl: „Avis" in der 94 Gloucester St., „Hertz" in der 44 Lichfield

St. oder „Budget Rent-a-Car" an der Ecke Oxford Terrace/Lichfield St. „Maui Campavans" befindet sich in der 23 Sheffield Crescent, „Newmans" in der 530-544 Memorial Ave. und „Rent-a-Car" in der 334 Riccarton Rd.

Bademöglichkeiten: Wunderschöne Strände gibt es jeweils rund zehn Kilometer außerhalb von Christchurch. Und zwar „South Brighton", „Sumner", „North Beach" und „New Brighton".

Essen und Trinken: Christchurch scheint prädestiniert für „Smorgasbord-Restaurants" (sprich: smörgosbort). Mit dem schwedischen Begriff bezeichnet man ein kaltes Buffet. Nach einer Platzreservierung kann man das Smorgasbord im *Gardens Restaurant* im Botanischen Garten oder im Restaurant *The Old Orchad*, 330 Port Hills Rd. genießen. Ebenso im *Town Hall Restaurant*, Ecke Kilmore/Colombo St. Ein Speiserestaurant der gehobenen Klasse ist das *Thomas Edmonds Restaurant*, Cambridge Terrace. Und Neuseelands erstes Maori-Restaurant *Te Waka O Maui* findet man an der Ecke Papanui Rd./Bealey Ave. Ein Spezialitätenrestaurant für Fischgerichte ist *Fail's Seafood Restaurant*, 82 Cashel St. Gute italienische Küche gibt es bei *Tre Gatti's*, 76 Lichfield St. und im *Spagalima's Italian Pizza Restaurant*,

Gewagtes Nebeneinander von alt und neu — die Bridge of Remembrance in Christchurch

Christchurch

798 Colombo St. Chinesisch essen kann man im *Chung Wah*, 63 Worcester St. Die Auswahl für Vegetarier ist in Christchurch vielfältig. Zahlreiche „Szene"-Restaurants haben sich durchgesetzt. Beispiele für gute vegetarische Küche sind das *Dux de Lux* im Arts Centre oder das *Main St. Café*, Ecke Colombo St./Salisbury Rd. Zahlreiche Cafés und Pubs bieten Kleinigkeiten zu essen und eine schöne Atmosphäre zum Verweilen. Take away-Läden gibt es überall.

Unterhaltung: Ob Live-Musik, Diskothek, Kino oder Theater — Christchurch hat eine gute Auswahl an Aktivitäten dieser Art. Jazz- und Rock-Musik kann man sich z.B. im *Dux de Lux*, Arts Centre, oder im *The Playroom*, Ecke Cuff Rd./Pages Rd. zu Gemüte führen. Im *Warners*, Cathedral Square, wird irische Folk-Musik gespielt. Das aktuelle Theaterprogramm erfragt man am besten im Informationszentrum oder auch im Arts Centre. Kinos findet man im Arts Centre oder am Cathedral Square. Es finden viele Theater-, Ballettaufführungen und Konzerte statt.

Unterkunft

Im Hotel *Quality Inn Chateau*, Deans Ave., Tel. 488-999 kostet die Übernachtung im DZ/EZ 175 NZ$, im *Caledonian Hotel*, Caledonian Rd., Tel. 666-034 zahlt man

Ein Paradies für Wanderer und Windsurfer, die rauhe Coromandel Peninsula

für DZ/EZ 72 NZ$. Im *Avon Hotel*, Oxford Terrace, Tel. 791-180 kostet das DZ 90, das EZ 88 NZ$. Motels gibt es jede Menge in Christchurch, am besten ist es, sich vor Ort zu informieren. Eine kleine Auswahl: Im *Raceway Motel*, 222 Lincoln Rd., Tel. 380-511 zahlt man für DZ 73/EZ 62 NZ$, ab 70 NZ$ für DZ und EZ kommt man im *Tudor Court Motel*, 57 Bealey Ave., Tel. 791-465 unter.

Übernachtung mit Frühstück gibt es in zahlreichen Gästehäusern, so z.B. im *Wolseley Lodge*, Papanui Rd., Tel. 556-202, DZ 44/EZ 30 NZ$, im *Bealey Lodge Guest House*, 69 Bealey Ave., Tel. 666-770, DZ 61/EZ 36 NZ$, beide zentral gelegen. In der 97 Jahre alten *Cockfosters Villa*, Stanmore Rd., Tel. 890-206 kommt man für DZ 55/EZ 30 NZ$ billig und stilvoll unter.

Die Campingplätze befinden sich alle außerhalb der Stadt. Nur drei Kilometer sind es zum *Addington Showground*, 47 Whiteleigh Rd., Tel. 389-770, Zeltplatz für 5.50 NZ$. Denselben Preis zahlt man zehn Kilometer außerhalb auf dem Campingplatz *South New Brighton Park*, Halsey St., Tel. 889-844. Teurer wird's im *Riccarton Park Motor Camp*, 19 Main South Rd., Tel. 485-690. Hier kostet der Zeltplatz 7.50 NZ$.

Verkehrsverbindungen: Flugzeug, Bahn und Bus bringen den Reisenden von Christchurch aus zu allen größeren und wichtigen Städten. Die Verbindungen sind sehr gut und man kann alles erreichen, was man noch ansteuern möchte. Da Christchurch der zweite Flughafen Neuseelands ist, starten von hier aus auch Auslandsflüge.

Auch das städtische Busnetz ist gut ausgebaut, direkt am Cathedral Square befindet sich das „Bus-Information-Office".

Wichtige Adressen

Das Büro der NZTP befindet sich am Cathedral Square, hier bekommt man sämtliche Unterlagen über die Stadt und ihr Umland.

Polizei: Das „District Police Head Quarters" ist an der Ecke Hereford St./Cambridge Terrace", Tel. (03) 793-999.

Post: Cathedral Square.

Coromandel Peninsula

Noch nicht so sehr von Touristen entdeckt ist die wilde Schönheit der Coromandel Halbinsel. Sie ist ein rauhes Stück Land, das sich in einem stark zerklüfteten Küstenstreifen in den Pazifischen Ozean hinausschiebt. Undurchdringbar scheinender Urwald mit zahlreichen Farnen, Palmen und üppigem Buschwerk bieten einen fremdartigen Kontrast zum Meer und zu den rauhen Bergen, die die Coromandel bestimmen. Ein Paradies für Windsurfer, noch mehr aber für Wanderer, die hier eine Vielzahl sehr unterschiedlicher Touren unternehmen können. Ob nun auf den

Pfaden der Holzfäller und Goldgräber, die die frühe Geschichte der Coromandel Halbinsel bestimmten, oder auf unwegsamen Pfaden direkt durch den Busch — hier läßt sich Natur noch ohne Rummel genießen. Einsame Strände und Buchten laden zum Baden ein. Auf einer abenteuerlichen Straße läßt sich die Halbinsel auch per Auto erkunden. Städte der Coromandel Peninsula sind Thames (→dort), Coromandel und Waihi.

Das Städtchen Coromandel ist klein und friedlich, die meisten Häuser sind im viktorianischen Stil erbaut. Interessant auch das Museum, das vor allem über die Goldgräberzeit Zeugnis ablegt. Täglich von 10 bis 12 Uhr und von 14 bis 16 Uhr geöffnet, Eintritt 2 NZ$. Fast noch besser kann man sich im *Waihi Arts Centre und Museum* in Waihi, einer kleinen Ortschaft mit Wildwest-Charakter, über diese Epoche informieren. Wochentags von 10.30 bis 16 Uhr, sonntags von 13.30 bis 16 Uhr geöffnet. Waihi ist nicht zuletzt deshalb bekannt, weil in der dortigen Martha Mine einst der größte Goldertrag Neuseelands gewonnen wurde.

Ein weiteres Glanzlicht der Coromandel Peninsula ist die *Hot water beach*. An der wilden Küste mit ihren schönen Stränden trifft man in der Nähe des kleinen Ortes Hahei auf das interessante Phänomen des Heiß-Wasser-Strandes. Unter dem Strand gelegene heiße Quellen speisen hier das Meer, an einigen Stellen kann man sich so, wenn man richtig gräbt, einen eigenen Warmwasser-Pool ausheben, der dann mit Meerwasser vermischt wird. Vorsicht ist allerdings geboten, denn das Wasser der Quellen ist sehr heiß.

Craters of the moon

Das wunderschöne Thermalgebiet Craters of the moon ist mit seinen heißen Quellen, brodelnden Schlammlöchern, dem Geruch von Schwefel und den aufsteigenden Rauchfahnen eine faszinierende Gegend. Fünf Kilometer nördlich von Taupo (→dort) kann man diese abgesicherte Region betreten. Das wohl bekannteste Thermalgebiet, Whakarewarewa (→dort), ist zwar größer, dafür aber wesentlich überlaufener.

Cromwell

Cromwell, zwischen Queenstown und Wanaka (→jeweils dort) an der Hauptstraße gelegen, ist heute kaum noch von Bedeutung. Möchte man sich allerdings in die Zeit des Goldrausches zurückversetzen lassen, ist man dort gerade richtig. Hier, wo der Chluta und der Kawarau River zusammentreffen und den Grundstock für das „Clutha Valley Hydro-Electric Power Project" bilden, war einst der wichtigste

Wilde Schönheit: undurchdringlicher Urwald mit Farnen, Palmen und üppigem Buschwerk prägt das Gesicht der Coromandel Peninsula

Handelsplatz für die Goldgeschäfte. Zahlreiche Goldfelder, zerfallene Goldgräberhütten und ehemalige Wassersysteme zeugen noch von dieser Zeit. Im *Cromwell Borough Museum* kann man sich die Geschichte des Goldrausches direkt vor Augen führen (geöffnet täglich von 10.30 bis 12.30 Uhr und von 13.30 bis 16.30 Uhr).

Cromwell / **Praktische Informationen**
Ärztliche Versorgung: Cromwell Hospital, Wanaka Rd., Tel. (03) 4-450-021 oder Dr. A.N. Kagan, 33 The Mall, Tel. (03) 4-451-119.
Unterkunft: Im Hotel *Undersun Park Lodge*, Gair Ave., Tel. 4-450-321 kosten DZ 45/EZ 38 NZ$. Das *Gateway Motel* in der Alpha St., Tel. 50-385 bietet Unterkunft ab 28 NZ$ pro Person. Im *Cedar Lodge Motel* in der 2 Syndic St., Tel. 50-365 kosten EZ ab 25 NZ$, und campen kann man im *Sunhaven Motor Camp*, ebenfalls Alpha St., Tel. 50-164 für 6 NZ$.

Wichtige Adressen
Das Informationszentrum ist in der Straße „The Mall", täglich von 9 bis 16 Uhr geöffnet.
Polizei: Police Station, Waenga drive, Tel. (03) 4-551-999.

Dargaville

Als Ausgangspunkt für eine Tour durch den Waipoua Kauri Forest (→dort) eignet sich die sonst eher farblose Stadt Dargaville gut. Einst Holzumschlagplatz und frequentierte Hafenstadt, erinnert heute nur noch das *Northern Wairoa Museum* an die Zeit der großen Gewinne. Im Museum befinden sich sehenswerte Ausstellungsstücke der Maori-Kultur, darunter auch ein Kriegskanu aus der Zeit vor der europäischen Besiedlung. Wissenswertes über die Kauriverarbeitung ist ebenso zu sehen wie alles, was mit der Seefahrt zu tun hat. Das Museum liegt im Harding Park auf einer kleinen Anhöhe, drei Kilometer außerhalb der Stadt. Vor dem Museum erinnert der Masten der „Rainbow Warrior", des bekannten Greenpeace-Schiffes, an das Bombenattentat im Jahre 1985, als das Schiff im Hafen von Auckland vor Anker lag.

Ein Besuch von Dargaville lohnt sich wegen des wunderschönen Strandes, der an Aussehen und Dimension der Ninety Mile Beach (→dort) sehr wohl das Wasser reichen kann. Hier ist ein Ausflug zu Pferd lohnenswert.

Dargaville / **Praktische Informationen**

Essen und Trinken: Empfehlenswert ist der Besuch des Restaurants im *Northern Wairoa Hotel*, das durch gute Küche überzeugt. Ansonsten gibt es jede Menge Take away-Läden und Kaffeehäuser.

Unterkunft: Das *Northern Wairoa Hotel*, Hokianga Rd., Tel. 8-923 bietet Unterkunft ab 30 NZ$ pro Person, zum gleichen Preis kann man im *Commmercial Hotel*, River Rd., Tel. 8-018 absteigen. Das *Awakino Point Lodge Motel*, SH 14, Tel. 7-870 bietet DZ 68/EZ 55 NZ$.

Das *Dargaville Youth Hostel*, Tel. 6-342, Ecke Portland/Gordon St. kostet pro Nacht 11 NZ$. Campen kann man für 6 NZ$ im *Selwyn Park*, Tel. 8-286, hier sind auch kleine Häuschen beziehbar; Plätze für Wohnmobile sind vorhanden.

Wichtige Adressen: Informationen erhält man in einem kleinen Kiosk in der Normanby St.

Diebstahl

Ein hohes Maß an Kriminalität ist mir selbst nicht bekannt, sogar in den größeren Städten geht es recht ruhig zu. Man kann sich sicher fühlen und muß nicht mit einem gehetzten Blick, die Handtasche fest umklammert, durch die Straßen eilen. Nicht zu mißachten sind allerdings die Warntafeln, die an verschiedenen Wanderparkplätzen aufgestellt sind. Wer Fotoapparat oder Wertsachen dann hier noch im Auto liegen läßt, darf sich über deren Verschwinden nicht wundern. Denn schließlich gilt wie überall: „Gelegenheit macht Diebe".

Dokumente

Bei einem Aufenthalt bis zu drei Monaten benötigt der europäische Urlauber kein Visum. Der Reisepaß muß drei Monate über den festgesetzten Abreisetermin hinaus gültig sein. Auch wird der für die Abreise gültige Flugschein kontrolliert. Zu lesen ist immer wieder, daß die Einwanderungsbehörde von Touristen den Nachweis von 800 bis 1000 NZ$ pro Aufenthaltsmonat verlangen kann. Tatsächliche Fälle dieser Art sind mir aber nicht bekannt.
Europäische Führerscheine werden in Neuseeland anerkannt, der internationale erspart aber unvorhergesehene Probleme.
Da es keine Auslandskrankenscheine für Neuseeland gibt, empfiehlt sich eine Reiseversicherung (→*Ärztliche Versorgung*).
Ein Impfpaß ist nicht nötig, wenn man einen Direktflug nimmt. Wer Zwischenstops in gefährdeten Ländern hat, sollte Informationen über die sich daraus ergebenden Bestimmungen einholen.
Kann man sich von seinem Haustier nicht trennen, muß man es vor der Einreise nach Neuseeland längere Zeit in Großbritannien in Quarantäne lassen.

Doubtful Sound →*Nationalparks: Fjordland National Park*

Dunedin

Als „Edinburgh des Südens" wird die Hafenstadt Dunedin gerne bezeichnet. Und sie macht diesem Namen auch alle Ehre. Zu Zeiten des Goldrausches einst Verkehrsknotenpunkt, ist die Stadt heute eher still und beschaulich. Das Wetter allerdings ist oft kühl und launisch. Dennoch lohnt sich ein Besuch in der zweitgrößten Stadt der Südinsel, in der 1869 auch die erste Universität Neuseelands, die Otago University, gegründet wurde.

Dunedin / **Geschichte**

Anhänger der schottischen Freikirche gründeten im Jahre 1848 Dunedin und errichteten es im für sie typischen Stil, die Bauten mit vielen Giebeln, Erkern und Türmchen. Doch die Idylle der Presbyterianer zerbrach bald nach dem ersten Goldfund in Otago. Dunedin wurde während des Goldrausches zur reichsten Stadt in der reichsten Provinz. 1863, zur Zeit der Hochkonjunktur des Goldes, war Dunedin die wirtschaftliche Hauptstadt Neuseelands. Zahlreiche Goldgräber fanden hier ihre Heimat, mit ihnen wandelte sich das Stadtbild jedoch auch gravierend. Neben den prunkvollen Gebäuden von Handelsgesellschaften und Banken schossen Spielhöllen, Bordelle und Kneipen aus dem Erdboden. Heute ist von dieser „wilden" Zeit nicht mehr viel zu spüren. Die Universität lockt mehr als 6000 Studenten nach Dunedin, die einen Teil des Flairs der Stadt ausmachen. Die Bevölkerung lebt hier in erster Linie vom Anbau landwirtschaftlicher Produkte.

Dunedin / **Sehenswürdigkeiten**

Die Sehenswürdigkeiten, die die Stadt zu bieten hat, sind leicht zu entdecken, da der wunderschöne Stadtkern als Achteck angelegt ist. Hier finden sich zahlreiche Bauten im viktorianischen Stil, die von der Hochzeit Dunedins „berichten". So z.B. die *St. Paul's Anglican Cathedral* oder das Polizeigebäude. Die Vielzahl der Parkanlagen geben Dunedin seinen besonderen Reiz, vor allem empfehlenswert sind die *Botanischen Gärten* an der Great King St. Eine Besichtigung der „Cadbury Chocolate Fabrik", deren Produkte führend sind in Neuseeland (kann im Visitors Centre gebucht werden), ist eine willkommene Abwechslung zu sonst üblichen Städtetouren.

Dunedin / **Museen und Galerien**

Early Settlers Museum in der 220 Cumberland St. bringt dem Besucher die Zeit der ersten Besiedlung nahe. Aber auch andere Exponate der Zeitgeschichte sind zu bewundern. Ebenso kann man sich über Geschichte und Technik des Walfangs bestens informieren. Für 3.50 NZ$ kann man das Museum wochentags von 9 bis 16.30 Uhr, samstags von 10.30 bis 16.30 Uhr und sonntags von 13.30 bis 16.30 Uhr besuchen.

Das *Otago Museum* an der Ecke Great King/Union St. trägt zur Information über die Maori-Kultur im speziellen und pazifischer Kulturen im allgemeinen bei. Geöffnet wochentags von 9 bis 16.30 Uhr, samstags von 10.30 bis 16.30 Uhr und sonntags von 13.30 bis 16.30 Uhr, der Eintritt ist frei.

Die älteste Galerie Neuseelands, die *Art Gallery*, findet man im Logan Park, stadtauswärts in der Anzac Ave. Internationale und einheimische Kunstwerke können hier täglich von 10 bis 16.30, am Wochenende von 14 bis 17 Uhr besichtigt werden.

Dunedin / **Praktische Informationen**

Ärztliche Versorgung: Dunedin Hospital, 201 Great Kind St., Tel. (03) 4-740-999 oder Dr. James Hanon, Hansborough House, 112 Maray Place, Tel. (03) 4-770-961.
Automobile Association: 450 Moray Place, montags bis freitags von 8.30 bis 17 Uhr geöffnet.
Autovermietungen: „Rent-a-Car" in der 124 St Andrew St., „Avis" in der 25 Stafford St.
Essen und Trinken: Ein ausgezeichnetes mexikanisches Restaurant, *Los Gatos*, befindet sich in der 199 Stuart St. Hier müssen Sie sich allerdings etwas gedulden: Um einen Platz zu ergattern, kann es schon vorkommen, daß man eine gute halbe Stunde warten muß. Wer's positiv sieht: Ein gutes Zeichen für die Qualität der Küche! Schneller, dafür aber wesentlich teurer, ist *Blades* in der 450 George St. Und eine Auswahl an vegetarischen Gerichten bekommt man im *Terrace Café*, 118 Moray Place. Vom leckeren Salat über den Imbiß bis hin zum schmackhaften Hauptgericht bietet das *Palms Café*, Ecke High/Dowling St., fast alles, was der Magen begehrt, zu annehmbaren Preisen.
Preiswerte und gute Snack-Bars findet man vermehrt am Moray Place und in der George St. Vegetarische Gerichte gibt es im *Ma Cuisine*, 45 Moray Place und auch im *Sidewalk Café*, 480 Moray Place ist die Küche recht gut. Für schnelle, gute Gerichte empfehlen sich auch *The Upper Crust*, 263 George St. und *Partners*, 351 George St. Wer beim Essen auch angeregte Unterhaltung und ein vielschichtiges Publikum sucht, geht ins *Captain Cook* Studentencafé, an der Ecke Albany/Great King St.
Dunedin hat noch eine weitaus größere Auswahl an guten Cafés und Restaurants. Daher empfiehlt es sich, die „Eating out in Dunedin"-Broschüre im Visitors Center zu besorgen.
Unterhaltung: Zahlreiche Pubs in Dunedin sorgen dafür, daß die Abende nicht langweilig werden. Meist gut besucht sind die Bars in verschiedenen Hotels wie *Prince of Wales*, 474 Princes St., das *Provincial*, 6 Stafford St. oder *Law Courts Establishment*, Ecke Stuart/Cumberland St. Aber bei einem abendlichen Bummel durch die Gassen findet man weitaus mehr gemütliche Plätze, deren Stimmung einen anlockt. In einigen Bars wird auch Musik gespielt, so z.B. im *Beach Hotel* in der Kilda St. und im *Hotel Branson*, 91 St Andrews St. Außerdem gibt es in Dunedin drei Kinos, in denen man sich gute Filme in englischer Sprache anschauen kann.

Unterkunft
Dunedins Hotels der „Spitzenklasse" sind das *Southern Cross* in der 118 High St., Tel. 770-752, DZ/EZ 123 NZ$ und das *Quality Inn* am Upper Moray Place, Tel.776-784, DZ/EZ 130 NZ$. Beide Hotels sind zentral gelegen. Ein weiteres schönes Hotel be-

findet sich an der Ecke Cumberland/High St., nämlich das *Leviathan Hotel*, Tel. 773-160, DZ 68/EZ 63 NZ$. Weitere Adressen: *Warf Hotel*, 25 Fryatt St., Tel. 771-233, EZ ab 30 NZ$; *Wains Hotel*, Princes St., Tel. 779-283, DZ 85/EZ 67 NZ$; *Beach Motel,* Ecke Prince Albert/Victoria Rd., Tel. 555-043, DZ 79/EZ 73 NZ$.

Gästehäuser: *Magnolia House*, Grindon St., Tel. 671-999, Übernachtung mit Frühstück DZ 60/EZ 30 NZ$ und *Sahara Guest House*, Universitätsnähe, 619 George St., Tel. 776-662, Übernachtung mit Frühstück DZ 60/EZ 40 NZ$. Als einfachere Unterkunft bietet sich am 97 Moray Place das *Kinnaird House* an, Tel. 776-781, hier kostet die Übernachtung mit Frühstück DZ 40/EZ 30 NZ$.

Das *Stafford Gables Youth Hostel*, 71 Stafford St., Tel. 741-919 kostet 13 NZ$ pro Nacht und Nase. Die Jugendherberge *YMCA* findet man am 54 Moray Place, Tel. 779-555, für 15 NZ$ pro Nacht wird man hier beherbergt. Der gleiche Preis wird auch in der Pension *Elm Lodge* in der 74 Elm Rd., Tel.741-872 verlangt.

Die drei Campingplätze verfügen allesamt über Stellplätze für Wohnmobile und Hütten, in die man sich einmieten kann. Man findet in der 162 Kaikorai Rd. das *Aaron Lodge Motor Camp*, Tel. 64-725, Zeltplatz ab 6 NZ$ pro Person; in der 103 Malvern

„See der hundert Inseln" — der Lake Manapouri

St., Woodhaugh, den *Leith Valley Touring Park*, Tel. 741-936, ab 7 NZ$ und in der Nähe des Strands bei St Kilda das *Tahuna Park Seaside Camp*, Tel. 54-690, ab 6 NZ$.

Verkehrsverbindungen

Bus

Sowohl „Newmans Coach Services" als auch die staatliche Linie NZRRS bieten Überlandverbindungen an. Newmans findet man in der 205 Andrew St., der NZRRS Busbahnhof ist in der Cumberland St.

Bahn

Gute Bahnverbindungen zu allen wichtigen Knotenpunkten, der Bahnhof ist in der Anzac Ave.

Flugzeug

Ein breites Angebot an Inlandflügen ist auch in Dunedin gewährleistet. Mit den gängigen Linien *(→ Reisen im Land)* kann man alle kleineren und größeren Städte anfliegen. Der Bus zum Flughafen startet am Visitors Centre am Oktagon.

Wichtige Adressen

NZTP-Touristeninformation: 123 Prince St., geöffnet von 8.30 bis 17 Uhr.
Dunedin Visitor's Centre: 48 The Octagon, montags bis freitags von 8.30 bis 17 Uhr, samstags und sonntags von 9 bis 17 Uhr geöffnet.
Polizei: Dunedin Central Police Station, Lower High St., Tel. (03) 4-776-011.
Post: Ecke Princes/Water St.

Einkaufen

Andenken an Neuseeland, für sich selbst oder als Geschenk für Daheimgebliebene, gibt es in Hülle und Fülle. Selbst in den kleinsten Ortschaften findet sich zumindest ein Geschäft mit neuseelandspezifischem Krimskrams. Von Kitsch bis Kunst ist alles zu haben (auch wenn der Kitsch in den Touristenhochburgen überwiegt). Wer eine Vorliebe für Holzarbeiten hat, kommt garantiert auf seine Kosten. Sowohl Alltagsgegenstände als auch kunsthandwerkliche (Maori)Schnitzerei sind da zu finden. In Auckland (→dort) ist die Auswahl groß, doch typische Einzelstücke kauft man besser in kleineren Städten unterwegs. Dasselbe gilt für die sehr schöne Töpferware, auch eine Besonderheit des neuseeländischen Handwerks.

Juweliergeschäfte drängen sich überall, und sogar in den Souvenirläden steht Jadeschmuck hoch im Kurs. Der „Greenstone" wird in sämtlichen Variationen verarbeitet. Nur in Städten an der Westküste, aber auch nach Auckland importiert, gibt es Schmuck aus blaugrünem Shellfisch: eine schöne und erschwingliche Einzigartigkeit.

Der flugunfähige Kiwi muß in jeder Form als Neuseeland-Symbol herhalten. Ob als Schlüsselanhänger, Plüschtier, auf Tassen oder T-Shirts, sein Verwendungszweck ist vielfältig.

Praktisch und relativ preiswert sind Wollpullover, die es überall zu kaufen gibt. Oder man ersteht den typischen „Swanny", eine karrierte Jacke aus festem Wollgewebe, die kein Neuseeländer missen mag, da praktisch, wetterfest und warm. Schaffellprodukte sind ebenfalls beliebte Kaufobjekte.

Eine gute Selbstversorgung ist in ganz Neuseeland gewährleistet. Die Auswahl in den Supermärkten ist reichhaltig, das Preisniveau etwas höher als in Deutschland. Gewöhnen muß man sich allerdings an die Öffnungszeiten: Supermärkte schließen abends um 17 Uhr, und bis jetzt haben nur wenige samstags geöffnet. Für den täglichen Bedarf gibt es die „Dairies", Krämerläden, an fast jeder Ecke. Sie sind meist auch an den Wochenenden geöffnet. Milch, Brot, Butter, Eier, Konserven, Zeitungen und sonstiges sind dort erhältlich. Natürlich ist alles etwas teurer als in den großen Einkaufszentren, aber für den kleinen Einkauf oder „zur Not" ideal. In kleinen Ortschaften sind sie zudem beliebter Treffpunkt für die Einheimischen.

Einreise →*Dokumente, Zoll*

Ermäßigungen

Der internationale Studentenausweis wird in fast allen Museen anerkannt, man bekommt Ermäßigungen bis zu 50 %. Auch Kinder bekommen fast überall einen Preisnachlaß, oft sind für sie Museumsbesuche und ähnliches frei.

Essen und Trinken

Wer nach einem Restaurant mit typisch neuseeländischer Küche Ausschau hält, tut sich schwer. Doch steht in den meisten Lokalen zumindest ein Lammkotelett mit Kartoffeln und Gemüse auf der Karte, das gängigste, typischste Gericht in Privathaushalten und auf Farmen. Fischgerichte sind vielfältig und empfehlenswert, vor allem an den Fangorten. Ansonsten ist der britische Einfluß in der Eßkultur stark zu spüren.

Doch auch die internationale Küche faßt Fuß. Chinesische Restaurants sind hier die Spitzenreiter, gefolgt von Pizzerien. Oft kann auch mexikanisch oder indisch gespeist werden. Für Eilige gibt es jede Menge „Fast Food" in den „Take away"-Läden, kleine, schnelle Gerichte zum Mitnehmen und „Auf-der-Hand-essen". Ob

Fish and chips oder Hamburger, auch die Neuseeländer haben ihre Eßgewohnheiten der Schnellebigkeit der Zeit angepaßt. Mit etwas Glück findet man in Küstenortschaften auch Imbiß-Läden, die Fischgerichte, darunter den bekannten Crayfisch, als Snack anbieten.

Größere Städte sind auch für Vegetarier ein Eldorado, denn einige gute Restaurants haben sich dort in den letzten Jahren etabliert.

Zum guten Essen gehört in Neuseeland nicht automatisch auch ein gutes Glas Wein oder ein Bier. Im Gegenteil, das Schild „B.Y.O." an sehr vielen Restaurants sagt dem Kunden „bring your own" (bring dein eigenes alkoholisches Getränk) mit. Die Erlaubnis zum Ausschank von Alkohol wird an Speiselokale selten erteilt, doch darf der Gast sich diesen selbst mitbringen und bekommt ihn dann gegen ein geringes Entgelt serviert.

Anders in den zahlreichen „Pubs", in denen das — zum Teil sehr dünne — Bier literweise aus dem Zapfhahn fließt. Auch wenn man kein Bier mag: Ein Blick in einen solchen Pub ist allemal interessant. Neuseeländischer Wein ist bei Kennern sehr beliebt, wohingegen man beim Sekt großes Glück haben muß, einen einigermaßen guten zu erwischen. Was manchen wohl überraschen mag: Man kann in Aotearoa (→dort) oft auch deutschen Wein bekommen. „Liebfrauenmilch" ist nur eine der Sorten, die importiert werden.

Bohnenkaffee ist eine Rarität, man muß sich meist mit Instantkaffee begnügen. Aber hier schmeckt fast nur der, den man selbst aufgebrüht hat. Nach britischem Vorbild ist eben doch der Tee das Nationalgetränk. Antialkoholisches gibt es genügend, selbst das normale Leitungswasser ist in Neuseeland so klar und sauber, daß man es bedenkenlos trinken kann.

Das riesige Angebot an Obst und Gemüse sorgt für einen abwechslungsreichen Speisezettel. Nur in Sachen Brot darf man nicht viel erwarten. Der Neuseeländer deckt seinen täglichen Bedarf mit hellem, weichen Toastbrot, nur selten findet man ein etwas dunkleres Mehrkornbrot.

Fähren →Reisen im Land

Feiertage und Feste

Hierfür braucht der Reisende eigentlich einen speziellen Kalender. Denn neben den gesetzlichen Feiertagen gibt es noch zahlreiche lokale. Dazu muß man beachten, daß Feiertage „nachgeholt" werden: Fällt das Datum auf einen Dienstag, Mittwoch

oder Donnerstag, ist der vorhergehende Montag frei, fällt es auf einen Freitag, Samstag oder Sonntag, wird am darauffolgenden Montag gefeiert.
Gesetzliche Feiertage sind der 1. Januar (Neujahr), der 6. Februar (Waitangi Day), Karfreitag, Ostermontag, der 25. April (Anzac Day), der 1. Montag im Juni (Queen's Birthday), der 4. Montag im Oktober (Labour Day), der 25. Dezember (Weihnachten) und der 26. Dezember (Boxing Day).
Regionale Feiertage sind: 22. Januar (Wellington), 29. Januar (Auckland und Northland), 1. Februar (Nelson), 31. März (Taranaki), 23. März (Southland und Otago), 1. November (Hawke's Bay und Marlborough), 1. Dezember (Westland) und 16. Dezember (Canterbury).

Ferienwohnungen →*Unterkünfte*

FKK

Die Freikörperkultur ist zwar nicht üblich, doch gibt es z.B. in der Region Nelson (→*Regionen*) auf der Südinsel zahlreiche einsame Buchten, wo man sich ungestört tummeln kann. Dort stört man unbekleidet niemanden, an bevölkerten Badestränden aber würde man nicht nur Aufsehen, sondern auch Unmut erregen.

Flug →*Anreise, Reisen im Land*

Folklore

Wer in Sachen Folklore fündig werden will, muß sich schon um Kontakt zu den Maori, den Ureinwohnern mit polynesischer Abstammung, bemühen. Denn der „Kiwi" (→dort) britischer Herkunft hat in dieser Hinsicht wenig mitgebracht. Den besten Einblick in die Maori-Kultur gibt ein Besuch in Whakarewarewa (→dort), dem Museumsdorf in der Nähe von Rotorua (→dort). Hier erlebt man das Flair südpazifischer Musik, sieht Kriegs- und Regentänze, kann sich an den harmonischen und aggressiven Rhythmen erfreuen. Traditionelle Kleidung gehört zum Outfit. Der Besucher erfährt Wissenswertes über die Sagen und Legenden, die die Maori über ihre Vorfahren durch die Jahrhunderte hindurch erhalten haben. Eine der wenigen Gelegenheiten, etwas über die ursprüngliche Folklore des Landes zu erfahren — von einigen Hotels, die einen Maori-Abend anbieten, einmal abgesehen. Und hier sieht man wohl auch erstmals das bekannte „Nasendrücken", das Hongi, die ehemalige Begrüßungsform der Maoris.

Außer in Hotels werden Maori-Konzerte in der gleichen Form auch ab und zu in Museen abgehalten, z. B. in Auckland und Wellington. Das Schöne dabei ist, daß hier wie auch in Whakarewarewa, die Umgebung stimmt, und man sich mit etwas Phantasie in die früheren Zeiten zurückversetzen lassen kann.

Fotografieren

Sämtliches Filmmaterial bringt man sich am besten selbst mit. Es ist zwar überall erhältlich, aber wesentlich teurer. Man bekommt im Lande die gängigen Markenprodukte. Man sollte jedoch bedenken, daß Filme nur beschränkt eingeführt werden dürfen, nämlich zehn Stück pro Person.

Fotomotive finden sich immer und überall, und die Kiwis (→dort) haben sich an fotobehängte Touristen schon lange gewöhnt. Bei Personenaufnahmen gilt: Vorher fragen ist eine höfliche Geste, und auch wenn man dann ab und zu auf einen schönen Schnappschuß verzichten muß, ist dies doch der bessere Weg.

Fox Glacier

Der längere der beiden wohl berühmtesten Gletscher Neuseelands ist der Fox Glacier, der sich von den Höhen des Mt. Cook-Massivs bis in Küstennähe herabwälzt und an der Westseite der Südinsel gelegen ist. Das Faszinierende an diesem Naturspektakel ist der Anblick dieser herrlich blau und grün schimmernden Eismassen, die sich fast auf Meereshöhe an den grünen Busch heranschieben. Kurze, einfache Wanderungen durch Geröll und Gletscherwasser führen bis zu den Eismassen. Sehr beliebt sind auch Helikopterflüge, oder man schließt sich einer geführten Tour an, die mit dem Trip in einem Kufenflugzeug kombiniert werden kann. So kommt man den kalten Eismassen extrem nahe.

Fox Glacier / **Praktische Informationen**

Essen und Trinken: Viel Auswahl hat man in der kleinen Ansiedlung nicht, doch man muß auch nicht Hunger leiden. Das *Fox Glacier Hotel* bietet Frühstück und warme Mahlzeiten, jedoch relativ teuer. Eine weitere Möglichkeit ist das *Fox Glacier Restaurant & Tearoom*.

Unterkunft
Für DZ 80/EZ 62 NZ$ findet man Unterkunft im *Fox Glacier Hotel*, Tel. 30-839, und für 59 NZ$ pro Person im *Golden Glacier Motot Inn*, 6 State Highway, Tel. 30-847. Etwas außerhalb der kleinen Siedlung, Richtung Lake Matheson (→*Seen*), befin-

det sich der *Fox Glacier Motor Park*, Tel. 30-821, ein sehr gut ausgestatteter, kleiner Campingplatz. Der Zeltplatz kostet 6 NZ$, ein Häuschen ab 12 NZ$ pro Person.

Wichtige Adressen

Das Informationszentrum befindet sich mitten in der kleinen Ansiedlung und ist täglich von 8 bis 17 Uhr geöffnet. Neben ausreichend Informationsmaterial über den Gletscher, Möglichkeiten von kurzen und langen Wandertouren oder der Direktbuchung von Rund- und Gletscherflügen, kann man sich hier auch eine Gletscher-Diashow anschauen.

Franz Josef Glacier

25 Kilometer nördlich vom Fox Glacier (→dort) gleitet sein „kleiner Bruder" vom Gebirge in die Landschaft hinab. Der Anblick ist ebenso imposant wie der des Fox Glaciers.

Franz Josef Glacier / **Praktische Informationen**

Ärztliche Versorgung: Franz Josef Surgery, Tel. (028-831) 700.

Essen und Trinken: Warme Mahlzeiten bekommt man im *THC Franz Josef*, im *HA Restaurant & Tearoom* und im *Glacier Store & Tearoom*. Je größer der Touristenstrom, desto mehr muß man hier allerdings für ein Sandwich berappen.

Unterkunft

Etwas außerhalb des Zentrums ist das *THC Franz Josef*, Tel. 719, in dem man für die Übernachtung 73 NZ$ pro Person rechnen muß. Das Gästehaus *Callery Lodge*, Cron St., Tel. 738, bietet Unterkunft für DZ 40/EZ 26 NZ$. In der direkten Nachbarschaft, in der 2 Cron St., findet man das *Franz Josef Youth Hostel,* Tel. 754, eine saubere und nette Bleibe für 12 NZ$ pro Nase.

Empfehlenswert wie fast alle Campingplätze Neuseelands ist das *Franz Josef Motor Camp*, etwas außerhalb des kleinen Städtchens gelegen, Tel. 742. Für den Zeltplatz werden 5.50 NZ$ berechnet, ein kleines Häuschen kostet 10 NZ$ pro Person, eine Unterkunft im angeschlossenen Motel DZ/EZ 68 NZ$.

Wichtige Adressen: Direkt im Ort ist das Westland National Park Information Centre täglich von 8 bis 17 Uhr geöffnet.

Führerschein →*Dokumente*

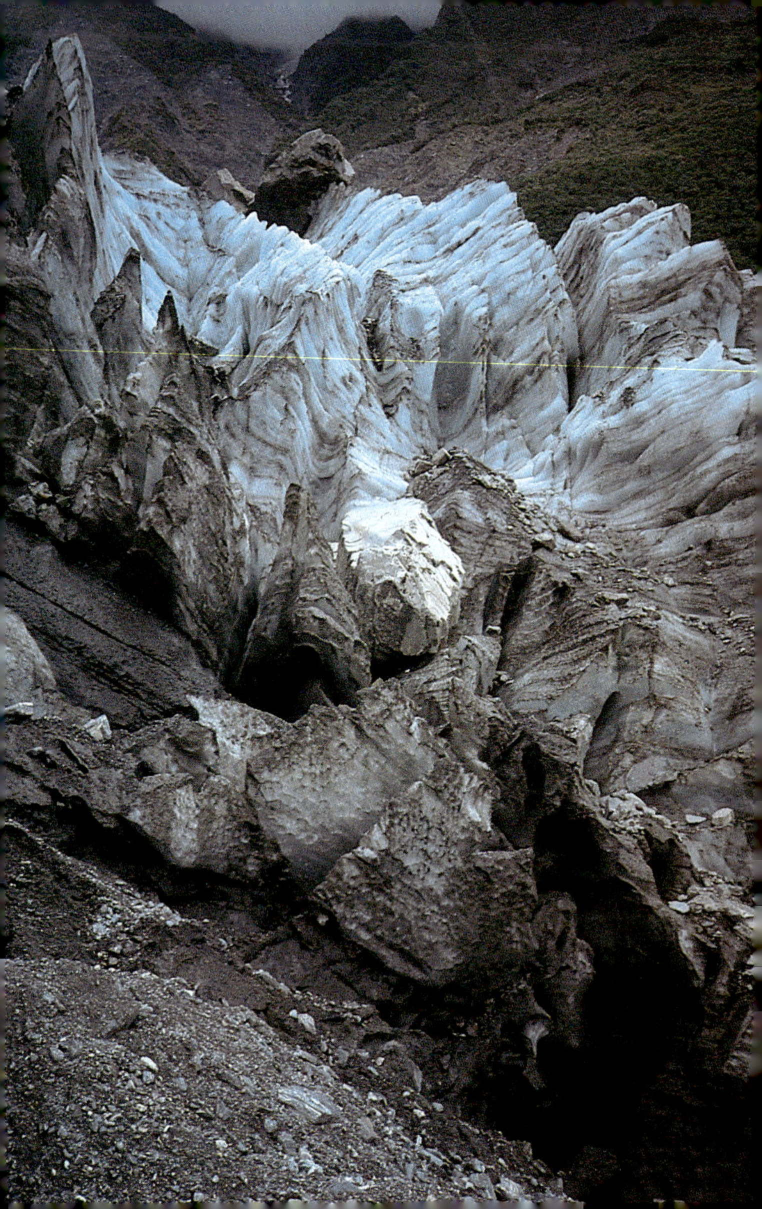

Geld

Am günstigsten (je nach aktuellem Kurs) und sichersten ist es, US$-Traveller-Schecks mitzunehmen, die Banken und Wechselstuben problemlos einlösen. Beide sind überall in ausreichender Anzahl vorhanden. Der derzeitige Kurs des NZ$ steht bei 1,08 DM, so daß das Umrechnen auch keine große Mühe macht. Freilich werden auch DM-Reiseschecks und Bargeld gewechselt. Banken haben montags bis freitags von 10 bis 16 Uhr geöffnet, Wechselstuben in der Regel etwas länger, hin und wieder auch an Wochenenden. Eine Ein- und Ausfuhrbeschränkung gibt es nicht.

Das Bezahlen mit Kreditkarte ist gang und gäbe, selbst auf Campingplätzen und in Souvenirläden werden die gebräuchlichsten Karten wie American Express, Visa und auch Eurocard akzeptiert.

Geographie

Neuseeland liegt zwischen dem 34. und 47. südlichen Breitengrad und zwischen dem 166. und 179. östlichen Längengrad auf der südlichen Erdhalbkugel. Es umfaßt auf 1600 km Länge von Norden nach Süden die Nord-, Süd- sowie die Stewart-Insel. Zahlreiche, meist unbewohnte Inseln, die vor den beiden Hauptinseln gelagert sind, gehören zum neuseeländischen Hoheitsgebiet. Die Fläche von etwa 269 070 qkm entspricht der der Bundesrepublik Deutschland vor der Wiedervereinigung. An der westlichen Küste trifft die Tasman See, an der östlichen Küste der Pazifische Ozean auf die beiden Inseln, getrennt werden sie von der etwa 35 km breiten Cook Strait.

Die Südinsel umfaßt 151 000 qkm; topographisch wird sie von dem Gebirgsmassiv der Southern Alps geprägt, die teilweise vergletschert sind und deren höchster Gipfel der Mount Cook (3764 m) ist. Im Süden gehen sie in das Fjordland und im Osten in die Canterbury Plains über.

Die Nordinsel hat eine Fläche von 115 000 qkm; sie ist flacher und hügelig. Hier herscht Vulkanlandschaft mit Thermalquellen, Geysiren und kochender Erde vor. Einige Vulkane sind noch aktiv.

Geschichte

Die Anfänge Aotearoas (→dort) gehen auf die Jahre um etwa 750 n. Chr. zurück, als die Moriori, nicht zu verwechseln mit den noch heute in Neuseeland lebenden Maori, sich dort niederließen. Noch heute sind die Moriori als das Volk der Moa-

◀ *Grauweiß schillern die Eismassen des Fox Gletschers*

Jäger bekannt. Diese Menschen lebten vorwiegend auf der Südinsel, aber auch an der Westküste des Nordens, von der Jagd der flugunfähigen Moas. Eine Gattung, die dem Vogel Strauß ähnelt und leider schon lange ausgestorben ist. Allerdings ließ sich die Geschichte dieser Urbevölkerung erst in jüngster Zeit durch Ausgrabungen belegen.

Umfangreicher sind die Nachforschungen über das Leben der Maori, die auch heute noch als *die* Ureinwohner Neuseelands gelten. Um 950 n. Chr. hat, den Überlieferungen zufolge, der polynesische Seefahrer Kupe Neuseeland entdeckt. Begeistert von dem noch unbewohnten Land, das er Aotearoa nannte — da er zuerst nicht die Inseln entdeckte, sondern vielmehr durch eine riesig lange, weiße Wolke über dem Meer darauf aufmerksam gemacht wurde, daß hier etwas sein müsse — kehrte er nach Hawaiki zurück. Hawaiki soll das ehemalige Heimatland der Maori sein, doch weiß man bis heute nicht genau, wo es liegt.

Erst vier Jahrhunderte nach dieser Entdeckung nahmen die Maori von Aotearoa Besitz. Überbevölkerung und daraus folgender Mangel an Nahrung trieben sie dazu, Hawaiki zu verlassen. In zehn großen Kanus brachen sie von ihrer Heimat auf und kamen nach und nach in Neuseeland an. Auch heute noch sind die Namen der Kanus die Stammesnamen der Maori. In ihren Sagen und Legenden, die sie meist in Tanz und Gesang wiedergeben, wird diese Geschichte der großen Reise nach Neuseeland in allen Einzelheiten lebendig. Selbst die Landeorte der einzelnen Boote sind so noch gegenwärtig.

Die Maori waren nicht nur Jäger und Fischer, sie machten sich auch das fruchtbare Land zunutze. Einige Pflanzen, wie z.B. Kumara (Süßkartoffel), hatten sie von ihrer langen Schiffsreise mitgebracht. Rasch entwickelten die Maori auf Neuseeland ihre eigene Kultur, die von der polynesischen Abstammung beeinflußt war. So waren auch Formen des Kannibalismus, erst aus Ernährungs-, dann aus rituellen Gründen, gebräuchlich. Da die Maori keine Schriftkultur entwickelten, drückten sie sich in der Schnitzkunst aus. Das waren die Anfänge der heute noch berühmten Ornamente an Kriegskanus, Meeting-Häusern, und auch die verschiedenen Tätowierungen von Männern und Frauen datieren aus dieser Zeit *(→Whakarewarewa).* Da die Maori sich schon bald nach ihrer Ankunft befestigte Siedlungen, die „Pas", bauten, fanden sie genug Zeit, sich der Holz- und Jadeschnitzerei zu widmen.

Man schrieb das Jahr 1642, als der niederländische Seefahrer Abel Tasman, von Australien kommend, Neuseeland entdeckte. Der Geschichte zufolge landete er zwar, verließ die Insel aber fluchtartig, nachdem einige seiner Männer sofort dem Kannibalismus zum Opfer gefallen waren. So war die Existenz Neuseelands von diesem Zeitpunkt an bekannt, doch es dauerte noch mehr als ein Jahrhundert, bis die Briten von Neuseeland Besitz ergriffen.

Geschichte

Mehr Glück mit den Eingeborenen hatte Kapitän James Cook, der 1769 in Aotearoa an Land ging. Dank eines tahitianischen Crew-Mitglieds konnte Cook, nach einem zuerst unfreundlichen Empfang, beim zweiten Anlegeversuch mit den Maori in freundschaftlichen Kontakt treten. Und er zögerte nicht lange und nahm das ganze Land im Namen der britischen Krone in Besitz.

Nach Cooks Veröffentlichungen über das Land am anderen Ende der Welt, wuchs rasch das Interesse der Europäer und Amerikaner. Die ersten, die in Neuseeland Fuß faßten — um es auszubeuten — waren die Robbenjäger, die an der Küste der Südinsel „wüteten". Auch der Walfang wurde immer mehr ausgedehnt, und wer sich lieber auf fester Erde als auf dem Meer bewegte, hatte bald entdeckt, daß der Export von Kauri-Holz (→*Waipua Kauri Forest*) sehr lohnenswert war. Auch wenn das Land systematisch ausgebeutet wurde, noch war das Verhältnis zwischen den Pakehas, den Weißen, und den Maori recht gut. Tauschhandel wurde betrieben, und die Maori lernten wichtige Dinge über die Landwirtschaft. Doch auch Errungenschaften wie Gewehre oder Alkohol waren ihnen dann nicht mehr fremd. Zu Beginn des 19. Jahrhunderts eskalierte das Zusammenleben. Die Weißen, damals zahlenmäßig noch eine Minderheit, schleppten bislang unbekannte Krankheiten und Seuchen ein. Doch nicht nur dadurch verringerte sich der Bevölkerungsanteil der Maori beträchtlich. Auch Kämpfe zwischen den Stämmen, die nun zum Großteil mit Feuerwaffen ausgetragen wurden, trugen mit dazu bei.

Die ersten Missionare, die sich 1814 in der Bay of Islands (→*dort*) niederließen, hatten unter Samuel Marsden, dem Gründer der ersten Missionsstation Neuseelands, keine leichte Aufgabe zu erfüllen. Doch als die Maori merkten, welche Vorteile sie — zwar nicht durch die Umpolung ihres Glaubens, dafür aber durch das größere Wissensspektrum der Geistlichen in weltlichen und handwerklichen Dingen — aus deren Anwesenheit gewinnen konnten, wurde das Verhältnis etwas freundschaftlicher.

1832 wird Neuseeland dann offiziell zur britischen Kolonie erklärt. Moralischer Grundgedanke: Man wollte den Maori einen Schutz für ihre Kultur und ihr Volk geben. Doch eigentlich ging es der englischen Krone wohl in erster Linie darum, sich die Handelsrechte zu sichern. Kapitän William Hobson, der erste Gouverneur Neuseelands, wurde 1840 nach Neuseeland gesandt, um mit den Maori-Häuptlingen einen Vertrag auszuhandeln. Mit Hilfe von James Busby, der seit der Kolonialisierung für Recht und Ordnung in Neuseeland zu sorgen hatte, fand in Waitangi (→*dort*) in der Bay of Islands diese Verhandlung statt. Der Vertrag, auch in Maori-Sprache übersetzt, beinhaltete zwar das Besitzrecht der Maori über ihr Land, doch ebenso das Vorkaufsrecht der Briten an sämtlichem Grund und Boden. Ebenso erkannten die Maori-Häuptlinge mit der Unterzeichnung des Vertrags die britische Königin als „Staatsoberhaupt" an. Ihnen wurden dafür die Privilegien britischer Bürger zugesprochen. 45 Häuptlinge und die Vertreter der britischen Krone unterzeichneten den Vertrag am 6. Februar 1840, seither ist dieser Tag als „Treaty of Waitangi" Nationalfeiertag.

Doch damit begann die eigentliche Ausbeutung der Maori. Ihr Land, das sie für wenig Geld verkauft hatten, wurde an neue Siedler für immense Beträge weiterverkauft. Die „New Zealand Company" begann nach den Vorstellungen ihres Initiators Edward Gibbon Wakefields eine genau geplante Kolonialisierung des Landes. Unzählige ausgewählte Siedler fanden in Neuseeland eine neue Heimat, erarbeiteten sich das Land hart und hatten zahlreiche Querelen mit den Maori auszustehen, die sich durch die unvorhergesehenen Entwicklungen betrogen fühlten.

Nachdem durch die ersten unsinnigen Feldzüge gegen Robben und Wale, aber auch durch die Rodung des Baumbestandes kein allzu großer Gewinn mehr zu erzielen war, wurde Neuseeland mit einer Flut von australischen Schafen überschwemmt. Vorwiegend auf der Südinsel ließen sich zahlreiche Großgrundbesitzer nieder, die „Weißen" verstanden es sehr gut, sich in Aotearoa — auf dem Rücken der Maori — Wohlstand zu schaffen.

Trotz problematischer Vergangenheit — inzwischen herrscht ein friedliches Nebeneinander von Pakehas und Maori

Geschwindigkeitsbeschränkungen

Trotz der zumeist sehr guten Straßenverhältnisse wird empfohlen, auf den Landstraßen zwischen 80 und 100 km/h zu fahren. In Ortschaften gilt die 50-km/h-Regelung. Auf keinen Fall sollte man sich am Fahrstil und an der Geschwindigkeit der Lastwagen orientieren. Vor allem sind es die Fahrer der Viehtransporter, der „Cattle Trucks", die einen so manches Mal in Angst und Schrecken versetzen. Da gibt es nur eines: Fahren Sie äußerst links (in Neuseeland herrscht Linksverkehr!), überholen Sie nicht und warten Sie, bis die „Gefahr" vorüber ist!

Getränke →*Essen und Trinken*

Gillespie Beach

Etwa 30 km vom Mt. Cook (→*Nationalparks*) kann man an der Gillespie Beach eine wunderschöne Küstenwanderung unternehmen. Besonders beliebt ist dieses Ausflugsziel, das man auch einfach von der kleinen Ansiedlung Fox (→*Fox Glacier*) erreichen kann (vom dortigen Motorcamp starten auch Busse), durch seine Seehundkolonien. Wer diese friedliebenden Tiere aus der Nähe betrachten will — die allerdings ihre vom Fischfang blutigen Zähne schon einmal zeigen, falls man ihnen zu nahe kommt — ist hier genau am rechten Platz. Doch hüten Sie sich, einen Seehund berühren zu wollen (auch wenn sie wie wahre Wonneproppen in der Sonne liegen und einen der Gedanke schon ein wenig reizt): Die scharfen Zähne könnten zuschnappen, und schließlich sollte man diesen Tieren ja ihre Ruhe gönnen, wenn sie schon zum beliebten Fotografenobjekt geworden sind.

Doch nicht nur die possierlichen Tiere lohnen den Gang zur und über die Gillespie Beach. Hier kann man über Felsen turnen, jahrhundertealtes Treibholz, daß den einzelnen Strandabschnitten einen bizarren Schein gibt, hinter sich lassen und einen Strand mit Stein und Sand genießen.

Nach 20 km vom Fox Glacier auf der Cook Flat Rd. erreicht man einen Parkplatz. Von dort führt ein Weg durch dichten Regenwald, der in allen Grünnuancen schimmert. Als erstes trifft man auf die „Gold dredge", rostige Überreste einer Goldwaschanlage von 1932. Weiter geht's durch den Wald, am Aussichtspunkt „Gillespie Point" vorbei, auf einer morschen Holzbrücke über einen Fluß. Nach dem anschließenden Goldgräbertunnel gelangt man dann zur Seehundkolonie.

Gisborne

Ein sonniges Klima und wunderschöne Strände findet man am Ostkap der Nordinsel in der Umgebung der Stadt Gisborne. Kein spektakulärer Aufenthaltsort, aber doch ein Plätzchen zum Ausruhen und Genießen mit Ausflugsmöglichkeiten in die nähere Umgebung, wo man auch auf heiße Quellen und Wasserfälle trifft.

Gisborne / **Geschichte**

Die europäischen Siedler machten lange Zeit einen Bogen um Gisborne, aus welchen Gründen auch immer. Erst gegen Ende des 19. Jahrhunderts wurden sie hier seßhaft, so daß sich Gisborne heute zu einem Wohn- und Handelszentrum entwickelt hat. Kapitän James Cook allerdings landete hier bereits am 9. Oktober 1769, als er erstmals Neuseeland betrat. Trotz der großen Unruhen, die von den verschiedenen Maori-Stämmen um 1860 ausgingen, blieb die Maori-Bevölkerung bis in heutige Zeit in Gisborne beträchtlich hoch.

Gisborne / **Sehenswürdigkeiten**

Die Stadt selbst ist geprägt von zahlreichen schönen Parks und Gärten, auch viele idyllische Uferpromenaden laden zum Spazierengehen und Bummeln ein. Ansonsten ist die östlichste Stadt Neuseelands vor allem durch den Anbau von Gemüse, Früchten und ausgezeichnetem Wein bekannt. Sehenswert sind am Fuße des Kaiti Hill die Bronzestatue von James Cook, und im Churchill Park das Denkmal vom „Kleinen Nick", dem Schiffsjungen, der als erster der ganzen Crew Land — Neuseeland — sichtete.

Gisborne / **Museen und Galerien**

Eine ganz besondere Art von Museum ist das *Maritime Museum*, unterhalb der Stout St. Obwohl es in den meisten Städten Neuseelands Seefahrt-Museen gibt, lohnt dieses auf jeden Fall einen Besuch: Das Museum selbst ist nämlich ein 12 000-Tonnen-Schiff, das im Jahre 1912 hier gestrandet ist. Jahrelang lag es brach, da es nicht mehr seetüchtig gemacht werden konnte, bis die Tochter des zweiten Besitzers es aus Wohnungsnot so restaurierte, daß sie darin leben konnte. Nach ihrem Tod vermachte sie ihr nun berühmtes Heim der Stadt Gisborne, die es zum Museum ausstaffierte. In erster Linie befinden sich hierin Gegenstände des gestrandeten Schiffs, außerdem Ausstellungsstücke vom und über den Walfang sowie Maori-Kunst und -Kanus. Das Maritime Museum ist wochentags von 10 bis 16 Uhr und am Wochenende von 14 bis 16.30 Uhr geöffnet, der Eintritt beträgt 3 NZ$.
Gisbornes *Museum & Art Gallery* in der 18 Stout St. ist ebenfalls einen Besuch wert, denn hier wird die Geschichte der Maori, die Kolonialisierung und Entwicklung des

Landes überschaubar dargestellt. In der Galerie befinden sich neben Kunstwerken der Maori auch Werke nationaler und internationaler Künstler. Geöffnet dienstags bis freitags von 10 bis 16 Uhr, samstags und sonntags von 14 bis 16.30 Uhr, Eintritt 2 NZ$.

Gisborne / **Praktische Informationen**

Ärztliche Versorgung: Gisborne Hospital, Ormond Rd., Tel. (06) 8-679-099 oder Desmond Rd. Medical Centre, Desmond Rd., Tel. (06) 8-679-027.

Automobile Association: Ecke Disraeli St./Palmerston Rd.

Autovermietung: "Avis" in der 247 Palmerston Rd.

Essen und Trinken: Sehr gut, aber nicht gerade billig, speist man im Restaurant *Arnhem*, das direkt am Fluß gelegen ist. Ebenfalls gute Küche bietet *Bread and Roses* an der Ecke Lowe St./Reads Quay. Wer gute Fischgerichte bevorzugt, wird im *Lyric Café* in der 124 Gladstone Rd. bestens bedient. Kleine Snacks findet man in den zahlreichen Bars, Cafés und Take aways, außerdem sind die beiden Ketten *Pizza Hut*, Ecke Anzac St./Grey St., und *Kentucky Fried Chicken*, gegenüber von Pizza Hut, mit ihren Restaurants vertreten.

Einkaufen: In der 31 Gladstone St. gibt es ein *Maori Arts & Crafts Centre*, in dem man nicht nur schöne Holzarbeiten erstehen kann.

Unterkunft

Die Auswahl an Unterkünften in Gisborne ist recht groß, auch direkt im Zentrum findet man hier ausreichend Möglichkeiten. Im *Orange Grove Hotel*, 549 Childers Rd., Tel. 79-978, kosten DZ/EZ 69 NZ$. Im *Wainui Motel*, 34 Wairere Rd., Tel. 85-882, zahlt man für DZ 65/EZ 56 NZ$. Unterkunft bietet auch die *Colonial Motor Kodge*, 715 Gladstone Rd., Tel. 79-165, DZ/EZ 88 NZ$. Für DZ 59/EZ 35 NZ$ kommt man im *Green Gables Guest House*, 31 Rawiri St., Tel. 79-872 in netter Atmosphäre unter, auch hier Übernachtung mit Frühstück. In der Innenstadt befindet sich das *Channels Privat Hostel*, Ecke Gladstone Rd./Peel St., Tel. 75-037, DZ 40/EZ 20 NZ$. Etwa zwei Kilometer außerhalb der Stadt, jenseits des Flusses, steht das *Gisborne Youth Hostel*, in der 32 Harris St., Tel. 63-269. Die Übernachtung kostet hier 11 NZ$. In Gisborne sind die Campingplätze ausnahmsweise recht zentrumsnah. Da ist zum einen das *Waikanae Beach Municipal Camp*, Grey St., Tel. 75-634. Preise ab 9 NZ$ für Camper und ab 16 NZ$ in den Häuschen. Gleichzeitig in der Nähe von Stadt und Strand liegt das *Churchill Park Municipal Camp*, Salisbury Rd., Tel. 74-555, hier gibt es allerdings nur Zeltplätze, Preis ist 9 NZ$.

Unterhaltung: Disco- oder auch Live-Musik gibt es im Nachtclub "Silver Lair". Auch in einigen Hotels treten am Wochenende Bands auf.

Eines der typischen neuseeländischen Häuser an der Strandpromenade von Gisborne

Verkehrsverbindungen: Es bestehen gute Flug- und Bahnverbindungen, auch ein Weiterkommen mit dem Bus ist kein Problem. Busbahnhof an der Ecke Bright St./Childers Rd.
Wichtige Adressen
Informationen bekommt man im Public Relations Office, 209 Grey St., montags bis freitags von 9 bis 17 Uhr, samstags von 10 bis 13 Uhr geöffnet.
Polizei: Gisborne Police Station, Peel St., Tel. (06) 8-679-059.
Post: Ecke Grey St./Palmerston Rd.

Greymouth

Die Stadt Greymouth liegt auf der Südinsel und gilt bis heute als wirtschaftliches Zentrum der Westküste, besonders floriert hier der Holzhandel. Doch den Reiz dieses verschlafenen Städtchens mit inzwischen rund 12 000 Einwohnern macht eher die interessante Küstenlandschaft aus. Wilde und sanfte Küstenstreifen sind hier zu entdecken, sehr schön ist die etwa 40 km lange Fahrt zu den Pancake Rocks (→dort) in Punakaiki.

Greymouth / **Geschichte**
Lange Zeit lebten in dieser Gegend vor allem Maori, die hier reichliche Vorkommen an Jade fanden. 1860, als die Goldgräber Neuseeland überschwemmten, wurde die Stadt Greymouth gegründet, um den Männern einen Aufenthaltsort zu geben. Relikt aus dieser Zeit: die restaurierte Goldgräberstadt Shantytown (→dort), die man besichtigen kann.

Greymouth / **Sehenswürdigkeiten**
Da die Stadt selbst nicht sehr viel zu bieten hat, ist sie eigentlich nur als Ausgangspunkt für verschiedene Ausflüge geeignet: ein Besuch von Shantytown (→dort), die Fahrt zu den Pancake Rocks (→dort), eine Bootfahrt auf dem Grey River oder Touren auf dem Pferderücken rund um Greymouth. Für all diese Aktivitäten ist das Informationsbüro die geeignete Anlaufstelle.

Greymouth / **Praktische Informationen**
Ärztliche Versorgung: Greymouth Hospital, Water Walk, Tel. (03) 7-680-499 oder Dr. J. Eakin, 179 Tainui St., Tel. (03) 7-685-902.
Autovermietung: „Avis" in der 17 Tarapui St.
Essen und Trinken: Auch hier ist die Auswahl nicht besonders umwerfend. Kleinigkeiten bekommt man wie überall in den Cafés und Pubs, Fischliebhabern ist das *West Inn*, in der Main South Rd. zu empfehlen.

Unterkunft
Gut untergebracht ist man im *Duke of Edingburgh Hotel*, Guiness St., Tel. 4-020, DZ/EZ 59 NZ$. Im *Ashley Hotel*, Tasman St., Tel. 5-135, kostet die Übernachtung im DZ 99/EZ 90 NZ$.
Ein zentrumsnahes Gästehaus ist das *Golden Coast Guest House*, 10 Smith St., Tel. 7-839, DZ 68/EZ 48 NZ$.
Im *Greymouth Youth Hostel*, Cowper St., Tel. 4-951 kann man für 11 NZ$ pro Nacht eine Bleibe finden.
Etwas außerhalb von Greymouth befinden sich die Campingplätze, beide in südlicher Richtung gelegen. Nach etwa drei Kilometern liegt in der Chesterfield St. das *Greymouth Seaside Motor Camp*, Tel. 6-618. Zeltplatz ab 6 NZ$, Unterkunft im Häuschen ab 20 NZ$. Fünf Kilometer außerhalb liegt das *South Beach Motel*, Main South Rd., Tel. 27-768. Eine Nacht kostet im DZ 62/EZ 51 NZ$.

Verkehrsverbindungen: Bus und Bahn verbinden Greymouth mit anderen Städten und wichtigen Plätzen wie z.B. den Gletschern. Besonders gut ist die Verbindung nach Christchurch.
Wichtige Adressen
Greymouth Information Office im Regent Theater, Ecke Mackay/Herbert St., wochentags von 9 bis 17 Uhr geöffnet.
Polizei: Police Station Tarapuki St., Tel. (03) 7-680-336.
Post: Ecke Guinness/Albert St.

Hanmer Springs

Im Norden der Südinsel, auf halbem Weg zwischen Greymouth und Christchurch, befindet sich der kleine Kurort Hanmer Springs. Von hohen, bewaldeten Gipfeln umgeben, gewährleistet dieser Ort mit seinen rund 900 Einwohnern Ruhe und Erholung. Man kann sich hier zu Spaziergängen in die nahe Umgebung aufmachen oder nur ausspannen. Besonders heilsamen Einfluß haben die heißen Quellen, die seit 1859 den Bekanntheitsgrad der Ortschaft ausmachen und 1883 befestigt wurden, so daß man sie für einen regelrechten Kurbetrieb nutzen konnte. So wurde Hanmer Springs zur größten Thermalregion der Südinsel. Es gibt Möglichkeiten zum Wandern, Schwimmen, Angeln, und im Winter kann man gut Ski fahren.

Hanmer Springs / **Praktische Informationen**

Essen und Trinken: Da der Ort vom „normalen" Tourismus noch nicht so sehr heimgesucht ist, gibt es in Hanmer Springs nur eine Möglichkeit, etwas zu essen zu bekommen: das *Alpin Restaurant* in der Nähe der kleinen Post.
Unterkunft: Motels und Gästehäuser stehen zur Verfügung, z.B. das *Shining Cuckoo*, Cheltenham St., Tel. 7-095, DZ 62/EZ 37 NZ$ oder das *Green Acres Motel*, Conical Hill Rd., Tel. 7-125, DZ/EZ 68 NZ$.

Hamilton

Die größte Stadt im Landesinneren der Nordinsel, 100 km südlich von Auckland, ist Hamilton mit seinen rund 98 000 Einwohnern. Am längsten Fluß des Landes, dem Waikato River, gelegen, ist Hamilton im Lauf der Jahre zu einem der reichsten Agrargebiete avanciert. Als Universitätsstadt wurde sie auch für ihre landwirtschaftlichen Forschungszentren berühmt.

Hamilton / **Sehenswürdigkeiten**

Hamilton ist eine Stadt, die sich in erster Linie durch seine gute Ausgangslage für Ausflüge in die Umgebung eignet. Die Stadt selbst hat dem Touristen leider nicht viel zu bieten. Empfehlenswert sind eine längere Bootsfahrt auf dem Waikato River, ein Ausflug zur „Farmworld", wo man sich täglich Schafschuren und Wissenswertes über Schafaufzucht und -haltung zu Gemüte führen kann, oder ein Besuch des Hilldale Zoo Parks, etwa acht Kilometer außerhalb der Stadt.

Hamilton / **Praktische Informationen**

Ärztliche Versorgung: Waikato Hospital, Pembroke St., Tel. (071) 398-899 oder Hamilton Medical & Injury Centre, 130 Rostrevar St., Tel. (071) 380-300.
Automobile Association: Anglesea St.
Autovermietung: „Avis" in der 342 Barton St.
Essen und Trinken: In Hamilton gibt es eine recht gute Auswahl. So kann man z.B. im *No 8*, in der 8 Alma St. sehr gut italienisch essen, während das *Singapore Restaurant* am Garden Place eines der zahlreichen Restaurants mit guter chinesischer Küche ist. Mexikanisch speist man im *Eldorado*, 10 Alma St., und exquisite Küche gibt's im *Anderson's*, 104 London St.
In Hamilton befinden sich an fast jeder Ecke Pubs und Take aways, bei denen man gut und billig essen kann. Alle bekannten Ketten wie *Mc Donald's*, *Pizza Hut* und *Kentucky Fried Chicken* sind ebenfalls vertreten.
Unterhaltung: Hamiltons Nachtleben ist dank der Studenten etwas ausgeprägter als sonst in Neuseeland. Verschiedene Tavernen wie *Tavern Hillcrest*, Ecke York/Clyde St., *Chartwell Tavern* und *Eastside Tavern* bieten fast jeden Abend Live-Musik. Discomusik findet man in *Uncle Sam's*, Ward St., und jede Form der Unterhaltung in *Shakes*, 30 Alexandra St.

Unterkunft

Das *Commercial Establishment*, Victoria St., Tel. 391-226 bietet Unterkünfte im DZ/EZ ab 40 NZ$. Doch da Hamilton die größte Ansammlung von Motels in Neuseeland überhaupt zu bieten hat, ist die Qual der Wahl für den Reisenden groß. Man sollte sich hier nach eigenem Ermessen und Geldbeutel einen Platz suchen. Auch Gästehäuser gibt es zur Genüge, als Beispiele seien das *Parklands Travel Hotel*, 24 Brigde St., Tel. 82-461, DZ71/EZ 35 NZ$ und das *Eastwood Manor*, 209 Grey St., Tel. 569-029, DZ/EZ 84 NZ$ genannt.
Das *Hamilton Youth Hostel* findet man in der 1190 Victoria St., Tel. 80-009, Übernachtung 11 NZ$. Etwas teurer ist das *YMCA*, Ecke Pembroke/Clarence St., Tel. 82-218 für 14 NZ$.

8 NZ$ zahlt man für einen Campingplatz im *Municipal Camp*, Ruakura Rd., Tel. 58-255. Im Osten von Hamilton findet man an der Cameron Rd. den *Hamilton East Tourist Court*, Tel. 66-220 mit Zeltplätzen für 6.50 NZ$ und Häuschen ab 13 NZ$ pro Person.

Wichtige Adressen
Informationen erhält man im Waikato Visitor Information Centre in der 865 Victoria St. Geöffnet wochentags von 9 bis 16.30 Uhr, samstags von 9 bis 12 Uhr.
Polizei: Central Police Station, Bridge St., Tel. (071) 80-989.
Post: Victoria St., zur Flußseite gelegen.

Handeln

Wer feilschen will, ist in Aotearoa fehl am Platze. Bunte Märkte, wie man sie vor allem aus südeuropäischen Ländern kennt, gibt es nicht. Auch Handeln bei Obst- und Gemüseständen ist nicht möglich. Die zahlreichen Stände, die so manche Wegstrecke säumen, sind zwar nicht immer besetzt (man hinterläßt den an Obst- oder Gemüseschälchen befindlichen Preis in einem kleinen Kästchen), doch wenn Verkäufer anwesend sind, wären sie entsetzt, versuchte man den ohnehin akzeptablen Preis noch herunterzuhandeln.

Hastings

Eine kleine, beschauliche Stadt, die etwas im Schatten ihrer 21 Kilometer entfernten „Schwesterstadt" Napier steht. Wunderschön in der Hawkes Bay gelegen, besticht die Innenstadt Hastings vor allem durch ihre Art deco-Architektur. Eine schöne Besonderheit, die durch ein dramatisches Naturereignis entstand: Im Jahre 1931 zerstörte ein gewaltiges Erdbeben Hastings fast völlig, die Zeit des Wiederaufbaus war geprägt vom damaligen Stil des Art deco.

Hastings / **Sehenswürdigkeiten**

Am lohnenswertesten ist ein geruhsamer Bummel durch die Innenstadt, bei dem man sich mit dem Stil dieser eigenwilligen Architektur auf eigene Faust vertraut machen kann. Eine abwechslungsreiche Alternative zum Programm in anderen Städten ist die Besichtigung einer Weinkellerei, die für die besten Weine Neuseelands berühmt ist. Viel Spaß macht der Besuch von *Fantasyland* im Windsor Park. Besonders beeindruckend sind hier die Nachbauten von Orten, die in englischen Kin-

---

Sorgfältig geschnitzte Vorratshäuser findet man in jeder Maori-Siedlung ▶

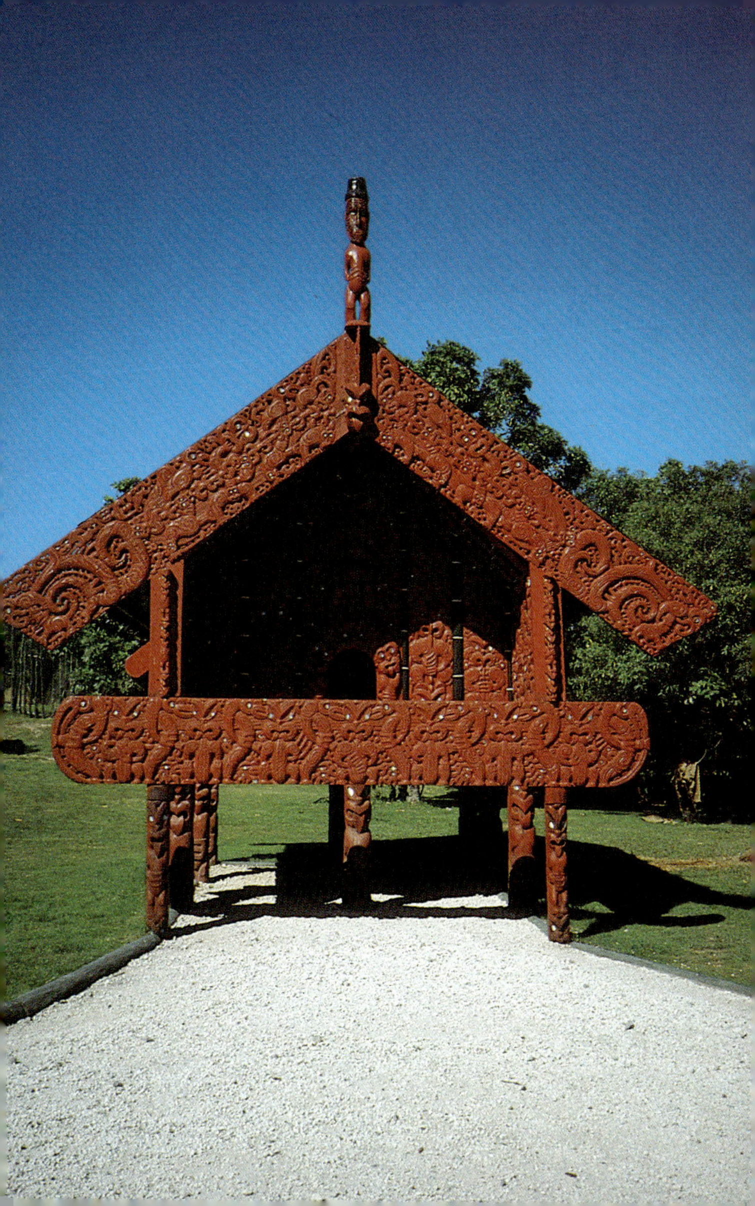

dermärchen eine Rolle spielen. Auch ein Ausflug zum *Cape Kidnappers* (→dort) lohnt sich.

Hastings / **Praktische Informationen**
Ärztliche Versorgung: Memorial Hospital, Omahu Rd., Tel. (06) 8-788-109 oder Hawke's Bay Health Service, 110 Russel St., Tel. (06) 8-768-445.
Autovermietung: „Breakaway Motorhomes" in der Rd. 11.
Essen und Trinken: Es gibt verschiedene kleinere Restaurants, zahlreiche Pubs und Take away-Läden.
Unterkunft: Übernachten kann man z.B. im *Fantasyland Motel*, Ecke Sylvan Rd./Jervois St., Tel. 68-159, DZ 71/EZ 63 NZ$ oder in der *Aladdin Lodge*, 120 Maddison St., Tel. 66-736, DZ 65/EZ 52 NZ$.
Verkehrsverbindungen: Flugzeug, Bahn und Bus verbinden Hastings mit allen wichtigen Städten.
Wichtige Adressen
Polizei: Hastings Police Station, Railway Rd., Tel. (06) 8-783-007.

Herbergen →*Unterkunft*

Hokitika

Die Stadt Hokitika, 40 Kilometer südlich von Greymouth (→dort), war einst die Hauptstadt der Goldgräber. Heute hingegen wird hier vorwiegend Edelstein verarbeitet, ein Kunsthandwerk, das man sich in einigen Werkstätten anschauen kann. Ebenso haben sich Glasbläser in Hokitika etabliert. Ansonsten lebt das Städtchen auch von der guten Holzwirtschaft. Über die Goldgräberzeit kann man sich im *West Coast Historical Museum*, Tancred St. informieren. Öffnungszeiten montags bis freitags von 9.30 bis 16.30 Uhr, am Wochenende von 14 bis 16.30 Uhr, Eintritt 2.50 NZ$. Ansonsten lohnt sich ein Spaziergang durch die Stadt mit ihren zahlreichen historischen Gebäuden.

Hokitika / **Praktische Informationen**
Ärztliche Versorgung: Westland Hospital, Fitzherbert St., Tel. (0288) 58-740 oder Dr. L.R. Kitson, 54 Sewell St., Tel. (0288) 58-180.
Autovermietung: „Avis" in der Stefford St.

Invercargill 57

Essen und Trinken: *Chez Pierre* im Railway Hotel in der Sawell St. hat eine Auswahl an guten, nicht zu teuren Mahlzeiten. Auch im *Westland Hotel* kann man recht gut essen. Ansonsten finden sich Snacks in einigen Shops und Tearooms.
Einkaufen: Wer Jadeschmuck liebt, findet hier eine reiche Auswahl. Zahlreiche kleine und große Schmuckgeschäfte bieten ihre Ware feil, so z.B. die *Hokitika Craft Gallery* in der Tancred St. oder ihr gegenüber das *Westland Greenstone*.
Unterkunft: *Tudor Motel*, Tudor St., Tel. 58-193, DZ/EZ 59 NZ$ oder *Southland Hotel* in der Revell St., Tel. 58-344, DZ 82/EZ 72 NZ$. In der 20 Hamilton St. findet man das nette *Central Guest House*, Tel. 58-232 mit Übernachtungsmöglichkeiten für DZ 44/EZ 29 NZ$.
Wichtige Adressen
Informationen gibt es im Public Relation Office, Ecke Tancred/Weld St.
Polizei: Police Station, Sewell St., Tel. (0288) 58-088.
Post: Ecke Revell/Weld St.

Hotels →*Unterkunft*

Invercargill

Im tiefsten Süden der Südinsel liegt die achtgrößte Stadt Neuseelands, Invercargill, mit etwa 54 000 Einwohnern. Großzügig angelegt und mit vielen Parks versehen ist die Stadt, die 1853 als kleine Ansiedlung gegründet wurde, heute dank ihres ertragreichen Umlands wirtschaftliches Zentrum dieser Region. Von hier aus kann man gut ins Fjordland (→*Regionen*) aufbrechen oder mit dem Flugzeug oder den Fähren zur Stewart Island (→*dort*) gelangen. Die Fähren starten vom 27 km entfernten Hafen Bluff. Zum anderen ist das Stadtmuseum, das *Southland Museum & Art Gallery*, sehenswert, u.a. kann man hier die neuseeländische Echse Tuatara im Terrarium begutachten.

Invercargill / **Praktische Informationen**
Ärztliche Versorgung: Southland Hospital, Kew St., Tel. (03) 2-181-949 oder Dr. Hardy Hunt, 83 Don St., Tel. (03) 2-186-343.
Automobile Association: Das Büro befindet sich in der 47 Gala St.
Autovermietung: „Avis" in der 109 Spay St.
Baden: Erholsam ist der Besuch einer der beiden Warmwasser-Pools entweder in der Conon St. oder am Queen's Drive, am Ende des Queen's Park. Ein sehr schöner Strand befindet sich etwa zehn Kilometer westlich der Stadt, Oreti genannt.

Essen und Trinken: Von den unzähligen Möglichkeiten ist das Restaurant *Gerrard's* gegenüber vom Bahnhof, das auch neuseeländische Gerichte anbietet, empfehlenswert. Andere Gaumenfreunden gibt es im *Ainos Steak House*, in der Dee St. Zahlreiche Pubs haben eine gute Auswahl an warmen Mahlzeiten, so z.B. *Avenal Homestead*, Ecke Dee St./Avenal St., wo man preiswert und gut essen kann. Eine reichhaltigere Speisekarte hat das *Kelvin Carvery* in der Kelving St.

Fast Food und Take aways findet man überall im Zentrum, vor allem aber in der Dee St. Hier hilft einem der eigene Augenschein bei der Auswahl seines Menues.

Unterkunft

Das größte Hotel der Stadt ist das *Kelvin Hotel*, Kelvin St., Tel. 82-829 mit Standardpreisen ab DZ 100/ EZ 96 NZ$. In der Dee St. findet man unter anderem das *Grand Hotel*, Tel. 88-059 mit Unterkünften ab DZ 76/ EZ 45 NZ$.

Das *Youth Hostel*, Tel. 59-344 liegt etwas außerhalb des Zentrums, in der 122 North Rd. Die Übernachtung kostet 11 NZ$.

Acht Kilometer außerhalb der Stadt, dafür aber nahe am Oreti Strand gelegen, gibt es das *Beach Rd. Motor Camp*, Tel. 330-400. Ein Zeltplatz kostet 6.50 NZ$,

Der Lake Wakatipu ist der drittgrößte See Neuseelands

die Übernachtung in einem Häuschen ab 12 NZ$. Nur einen Kilometer außerhalb des Zentrums ist der *Invercargill Caravan Park*, Victoria Ave, Tel. 88-787. Die Übernachtung im Zelt kostet hier pro Person 5 NZ$.
Verkehrsverbindungen: Eine problemlose Weiterreise ermöglichen Flugzeug, Bahn und Bus. Mit der Fähre erreicht man von hier aus die „Steward Island" (→dort).
Wichtige Adressen
Der Visitor Information Service ist in der 82 Dee St.
Polizei: Central Police Station, Don St., Tel. (03) 2-144-039.
Post: am Ende der Dee St.

Impfungen

Es ist nicht nötig, sich impfen zu lassen, wenn man einen Direktflug gebucht hat. Auch braucht man keine freiwillige Vorsorge zu treffen, denn in Neuseeland gibt es weder gefährliche Tiere noch treten schwerwiegende Krankheiten wie z.B. Gelbsucht oder ähnliches auf.

Jugendherbergen →*Unterkunft*

Karten

Die in Deutschland erhältlichen Karten sind gut und bewähren sich auch vor Ort. Ravensteins Neuseelandkarte im Maßstab 1:1 500 000 z.B. ist ein ausreichender Reisebegleiter.
Die besten Straßenkarten erhält man bei der Automobile Association (→dort). Wanderkarten für einzelne Regionen oder für die Nationalparks gibt es bei den NZTP-Büros oder in den örtlichen „Tourist office". Sie sind stets auf dem neuesten Stand und überdies eine schöne Erinnerung. Auch Stadtpläne sind bei diesen Einrichtungen meist kostenlos zu erhalten.

Kaikoura

Das kleine, verschlafene Städtchen Kaikoura liegt im Nordosten der Südinsel direkt an der Küste. Man erreicht es am besten, wenn man von Christchurch (→dort) aus nordwärts fährt. Immer an der Ostküste entlang, die einen ganz anderen Charakter als die Westküste hat: Ruhiger und friedlicher sehen die Buchten und Klippen hier aus, der Pazifische Ozean schlägt nicht so ungestüm gegen die Felsen wie die Tasman See an einigen Stellen der Westküste.

Kaikoura selbst ist durch den berühmten „Crayfisch", eine Art Flußkrebs, dessen Fleisch so gut wie Hummerfleisch schmeckt, bekannt geworden. Während in früheren Zeiten vor der Küste vor allem Wale gejagt wurden, leben die Menschen heute vom Crayfischfang. Dennoch kann man von Kaikoura aus auch zu Wal-Beobachtungsfahrten starten. Dazu wird man mit einem Kutter etwa drei Stunden lang aufs Meer hinausgefahren. Der ganze Spaß kostet rund 60 NZ$.

Wem das zu teuer erscheint, der kann sich an der Küste Kaikouras wenigstens auf Seehund-Fotojagd machen. Hier gibt es eine Kolonie, die zahlenmäßig die der Gillespie Beach (→dort) fast noch übertrifft. Seine Wanderung kann man natürlich auch auf das schöne Gebirge rund um Kaikoura ausdehnen. Sehr abwechslungsreiche Landschaft mit herrlichen Kalksteinhöhlen — eine willkommene Abwechslung von dem eher langweiligen Städtchen, dessen Maori-Name sich übrigens von dem hier vorkommenden Crayfisch ableitet.

Kaikoura / **Praktische Informationen**

Essen und Trinken: Hier seien die Take away-Läden einmal an erster Stelle genannt. Denn wo sonst auf der Welt bekommt man einen Hummer-Imbiß? In Kaikoura in den Imbiß-Buden entlang der Küstenstraße. Oder darf's vielleicht ein „Crabbstick" (Krabbenfleisch) sein?

Wer den Stil wahren möchte, kann sich natürlich auch in ein Restaurant, wie z.B. das *Craypot Restaurant* setzen.

Unterkunft: Es gibt ein paar kleinere Hotels und Motels in Kaikoura. Empfehlenswert ist das *Blue Seas Motel*, The Esplanade, Tel. 5-441, DZ 62/EZ 56 NZ$ oder das *Oregon Court Motel*, 169 Beach Rd., Tel. 5-623, DZ 57/EZ 45 NZ$.

Sehr schön angelegt ist der Campingplatz *Kaikoura Holiday Camp,* Nähe Bahnhof, Beach Rd., Tel. 207 mit zwar wenigen Zeltplätzen (5.50 NZ$), aber um so mehr Hütten verschiedenster Art ab 11 NZ$.

Kaitaia

Der kleine Ort im Northland (→*Regionen*) gewinnt seine Bedeutung dadurch, daß er als Ausgangspunkt für Fahrten zur Ninety Mile Beach (→dort) genutzt werden kann. Wer dort verweilt, sollte sich aber einen Besuch des *Far North Regional Museum* nicht entgehen lassen. Es liegt an der Great South Rd. und besitzt eine ausgezeichnete Sammlung über die Seefahrt. Man kann hier auch neuseeländische Tiere, sogar den ausgestorbenen Moa, sehen. Wochentags von 10 bis 17 Uhr, an Wochenenden von 13 bis 17 Uhr geöffnet. Der Eintritt beträgt 2 NZ$.

Kaitaia / **Praktische Informationen**
Ärztliche Versorgung: Kaitaia Hospital, Redan Rd., Tel. (09) 4-080-011 oder Dr. Hilmer Bedelmann, 37 Puckey Ave., Tel. (09-4-081-170.
Essen und Trinken: Viele Möglichkeiten gibt es nicht, lohnenswert ist aber *Steve's Snapper Bar* in der 123 Commerce St. Oder man läßt sich im *Kaitaia Hotel* verköstigen. Take away-Läden gibt es ansonsten genug.

Unterkunft
Empfehlenswert ist das *Kaitaia Hotel* in der Commerce St., Tel. 80-360, Übernachtung ab DZ 52/EZ 45 NZ$. Im *Motel Capri*, 5 North Rd., Tel. 80-224 zahlt man für DZ 57/EZ 51 NZ$ und im *Sierra Court Motel*, North Rd., Tel. 81-460 für DZ 68/EZ 56 NZ$. Doch da Kaitaia von vielen Touristen besucht wird, gibt es zahlreiche weitere Motels und Hostels.
Auch Zeltplätze gibt es genug: in Kaitaia das *Dyers Motor Camp*, 69 South Rd., Tel. 39 für 6 NZ$ pro Person, Hütten ab 20 NZ$. 18 km westlich der Stadt in Ahipara das *Pine Tree Lodge Motor Camp*, Übernachtung für 7 NZ$. Ebenfalls 18 km entfernt, aber in nördlicher Richtung, ist der *Ninety-Mile-Beach Holiday Park* mit Zeltplätzen für 7 NZ$ pro Person.

Wichtige Adressen
Polizei: Kaitaia Police Station, Redan Rd., Tel. (09) 4-080-400.

Kerikeri

Diese idyllische Ortschaft an der Bay of Islands (→dort) lädt zum Ausruhen und Verweilen ein. Man kann von diesem Städtchen im Northland (→*Regionen*) schöne Spaziergänge unternehmen oder zu einem Badetag in einer der zahlreichen Buchten aufbrechen. Kerikeri ist darüber hinaus aber auch ein Zentrum des Zitrusfrüchteanbaus.

Kerikeri / **Geschichte**

Schon in früher Zeit hatten die Maori die Fruchtbarkeit des Northlands (→*Regionen*) entdeckt, in Kerikeri fanden sie den geeigneten Boden, ihre von der großen Reise mitgebrachten Kumaras, die süßen Kartoffeln, anzubauen. Aber auch zahlreiche andere Bodenschätze konnten sie hier gewinnen. Als 1819 die Europäer ankamen, gründeten sie in Kerikeri die erste Missionsstation in Neuseeland überhaupt.

Kerikeri / **Sehenswürdigkeiten**

Gleich zwei ganz besondere Monumente sind in Kerikeri zu finden: Das erste Missionshaus Neuseelands und das älteste Steinhaus. Beide stehen dicht beieinander am Ortsausgang, bevor die Straße in Richtung Rainbow Falls den Fluß überquert. Das Missionshaus, nach seinen zweiten Besitzern auch *Kemp-Haus* genannt, wurde 1822 von John Butler gebaut. Nach ihm lebte die Missionarsfamilie Kemp darin, die es 1974 dem Historic Place Trust vermachte. Dieses erste europäische Bauwerk Neuseelands kann man täglich von 10.30 bis 12.30 Uhr und von 13.30 bis 16.30 Uhr besichtigen, der Eintritt beträgt 2.50 NZ$.

Im *Stone Store*, dem ältesten Steinhaus Aotearoas (→dort), das auch aus dieser Zeit stammt, ist heute ein kleines Museum untergebracht, das täglich von 9 bis 16.30 Uhr geöffnet ist. Noch eine weitere Sehenswürdigkeit ist in Kerikeri zu bewundern: Das zum Teil restaurierte Maori-Dorf *Rewa's Village*, täglich von 10 bis 17 Uhr geöffnet. Es liegt jenseits des Flusses in Hanglage. In diesem Dorf wird die frühe Zeit der Maori deutlicher lebendig als sonst beim Besuch eines Versammlungshauses oder anderer Maori-Stätten. Man kann sich stundenlang auf den Wegen und zwischen den Häusern aufhalten, die ursprüngliche Lebensweise der Maori nachvollziehen und überall verborgene Schätze wie Schnitzereien oder Relikte entdecken. Dies wird dadurch erleichtert, daß überall informative Erklärungstafeln angebracht

Die Keas — die ,,Clowns unter den Papageien'' — begegnen einem vor allem im Gebirge der Südinsel

sind. Auch blühen in Rewa's Village sehr viele typisch neuseeländische Pflanzen, deren Namen man anhand der Beschilderung kennenlernen kann.

Kerikeri / **Praktische Informationen**

Ärztliche Versorgung: Kerikeri Medical Services, Homestead Rd., Tel. (09) 4-079-711.
Autovermietung: „Avis" in der Cobham Rd.
Essen und Trinken: So klein das Dörfchen auch ist, Take aways, Cafés und Pubs findet man auch hier genug. Eine komplette Mahlzeit gibt's im *Homestead Hotel* im Zentrum.

Unterkunft

Motels findet man in und um Kerikeri genug, wie eigentlich überall in der Bay of Islands. Empfehlenswert ist z.B. das *Colonial House Lodge*, 178 Kerikeri Rd., Tel. 79-106, DZ 74/ EZ 62 NZ$. Für 11 NZ$ kann man im gemütlichen *Kerikeri Youth Hostel*, Tel. 79-391 an der Hauptstraße eine Unterkunft finden. Für Camper gibt es die Möglichkeit, im *Aranga Holiday Park*, Kerikeri Rd., Tel. 79-326 einen wunderschönen Zeltplatz für 8 NZ$ zu ergattern, oder man mietet sich in eines der Häuschen ab 32 NZ$ ein. In der Pa Rd. gibt es noch den Campingplatz *Pagoda Lodge Caravan Park*, Tel. 78-617, gleichfalls eine schön gelegene und preiswerte Alternative mit Zeltplätzen ab 7 NZ$.

Wichtige Adressen

Polizei: Kerikeri Police Station, Kerikeri Rd., Tel. (09) 4-079-211.
Post: Ecke Cobham Rd./Kerikeri Rd.

Kinder

Viele Neuseeländer sind kinderfreundlich und jederzeit bereit, beim Reisen mit Kindern behilflich zu sein. Da ungewohnte Krankheiten kein Thema sind, muß man sich hierüber auch keine Sorgen machen. Viele „Hostels" sind kindergerecht ausgestattet, Säuglinge und Kleinkinder bis drei Jahre werden meist umsonst beherbergt. Auf Campingplätzen und in Motels zahlen Kinder meist nur den halben Preis. Auch in vielen Museen oder bei anderen Sehenswürdigkeiten und Aktivitäten gibt es für die jungen Besucher einen Preisnachlaß, oder der Eintritt ist frei.

Da der Neuseeländer überdies ein Familienmensch ist, trifft man häufig auch auf einheimische Reisende mit Kindern. Gemeinsamkeit wird dann großgeschrieben, und es gibt Anregungen und Tips, was man mit dem Nachwuchs wo am besten machen kann.

Kiwi

Kiwis gibt es in Neuseeland gleich in dreifacher Form: der nur in Aotearoa (→dort) vorkommende flugunfähige Nachtvogel, die auch bei uns bekannte Frucht und außerdem die Bewohner Neuseelands selbst.

Kleidung

Auch wenn man im neuseeländischen Sommer (Dezember bis Februar) reist, dürfen warme Kleidungsstücke und Regenzeug nicht fehlen. Besonders auf der Südinsel können Sommerabende herbstliche Temperaturen annehmen. Ansonsten ist man in T-Shirts und Shorts ebenso gut gekleidet wie in Jeans und Hemd. Allzu heiß wird es selbst um die Mittagszeit nicht. Festes Schuhwerk braucht man unbedingt, wenn man sich auf die Wander- und Trekkingpfade der Nationalparks begibt. Da Hotels, Motels und viele Campingplätze Waschmaschinen bereitstellen, kann man sein Gepäck eigentlich auf das Nötigste beschränken. Nur darf man bei den Maschinen nicht den modernsten Standard mit Fein- und Sonderwaschprogramm erwarten.

Klima

Die Jahreszeiten sind mit den unsrigen teilweise vergleichbar, nur eben um ein halbes Jahr verschoben (wenn bei uns Frühling ist, ist in Neuseeland Herbst, ist bei uns Sommer ist dort Winter etc.). Es herrscht hochozeanisches Klima vor. Während auf der Nordinsel Temperatur, Niederschlag und Bewölkung ähnlich wie bei uns in der entsprechenden Jahreszeit sind, unterscheidet sich die Wetterlage auf der Südinsel doch erheblich. Kühle Abende im Sommer, trockene Hitze im Landesinneren, aufbrausender Wind an der Küste, heftige, wenn auch oft kurze Regenschauer. Die Winter sind relativ mild, nur in den neuseeländischen Alpen gibt es Frost.
Die meisten Sonnenstunden im Jahresdurchschnitt hat die Stadt Nelson (→dort) auf der Südinsel zu verzeichnen. Die Stadt mit ihrem Umland ist als der sonnenreichste Teil Neuseelands bekannt. Doch auch Auckland (→dort) und vor allem die Bay of Islands (→dort) auf der Nordinsel stehen auf der Sonnen-Hitliste ganz oben. Den geringsten Niederschlag gibt es in Christchurch (→dort) auf der Südinsel und der dortigen Region Canterbury (→*Regionen).*

Konsulate →*Botschaften*
Krankenhäuser →*Ärztliche Versorgung, jeweils in den Ortschaften*

Krankenscheine →*Ärztliche Versorgung*
Kreditkarten →*Geld*

Kriminalität

Neuseeland ist nicht zuletzt auch deshalb ein wunderbares Reiseland, weil man sich dort gefahrlos von Ort zu Ort begeben kann. Sei es mit dem eigenen Auto oder auch beim Trampen — noch immer sind es Ausnahmefälle, die einen in Angst und Schrecken versetzen. Natürlich hört man auch hier hin und wieder — besonders in Zeiten, in denen die Arbeitslosigkeit gravierend ansteigt — von organisierten Banden, die es in erster Linie auf Touristen abgesehen haben. Sollte man dennoch in irgendwelche Schwierigkeiten geraten sein, hilft die Polizei schnell und umsichtig, ebenso sind beim Verlust von Dokumenten oder Geld keine Probleme mit dem Konsulat zu befürchten.

Kultur

Wenn man über die Kultur des Landes nachdenkt, fallen einem wohl zuerst die zahlreichen Museen ein, die es in den großen Städten, aber auch in kleineren Ortschaften gibt. Besonders die berühmten Museen in Auckland und Wellington sind hervorragend ausgestattet und bieten zahlreiche Sehenswürdigkeiten. Aber auch in den anderen kann man sehr viel Wissenswertes erfahren, das Spektrum ist sehr breit gefächert. Fast überall findet man Ausstellungsstücke oder Wesentliches aus der Kolonialzeit.

Ebenso gibt es eine Vielzahl sehenswerter Galerien, die nicht nur Werke von internationalen Künstlern ausstellen. Auch neuseeländische Maler, Grafiker und Bildhauer finden hier verstärkt ein Forum. Ebenso gehören zur Kultur wohl auch die öffentlichen Bibliotheken, die in ihrer Ausstattung und in ihrem Angebot zu den besten der Welt zählen. Vor allem, was die Auswahl an Fachliteratur wie z.B. über Freizeitbeschäftigung (Sport), Reisen und die eigene Landeskunde angeht.

Für seine Theater ist Neuseeland zwar nicht weltberühmt, doch hat so manches Ensemble, die meist in den größeren Städten beheimatet sind, schon internationalen Ruf erlangt. Neben diesen professionellen Theaterensembles haben sich inzwischen aber auch mehrere kleine etabliert. Der Neuseeländer nimmt dieses vielfältige Angebot, das von der Klassik bis zur Moderne reicht, sehr gerne an.

Auch die Musikszene in Aotearoa hat etwas zu bieten. Von internationaler Bekanntheit ist das New Zealand Symphony Orchestra, und auch die Sopranistin Kiri Te Kanawa hat weltweiten Ruhm erlangt. Unter Freunden des Jazz sind die Pacific

Eardrum und Colin Hemingson immer noch führend. Ostern findet in Tauranga das Jazz-Festival statt, zu dem auch international bekannte Jazzer anreisen. Die Gruppen „Pink Flamingoes", „Split Enz" und „Dance Exponents" sind für New Wave-Anhänger tonangebend.

Zur Kulturszene gehören freilich auch zahlreiche Kunsthandwerker, die auf den verschiedensten Gebieten tätig sind. Die „Artisans" verstehen sich in überaus vielen angewandten Künsten, von Töpferei über Schnitzen und Jadearbeiten bis hin zur lederverarbeitenden Kunst, um nur einige zu nennen.

Literatur

Interessanter Lesestoff, sozialkritisch und informativ, ist das Buch von E. Bauer und B. Krämer „Kiwis können nicht fliegen", Verlag Jugend und Politik, 1983.

Ein praktischer Reisebegleiter auf Englisch ist: Tony Wheeler „New Zealand — A travel survival kit", Lonely Planet Publication, 1988. Wer viel wandern möchte, kauft sich in Neuseeland am besten das englischsprachige Buch von Robert Burton und Margaret Atkinson „A Tramper's Guide to New Zealand's National Parks", Reed Methuen Publishers Ltd, 1987. Und für Naturfreunde empfiehlt sich Ken Stewart, „Collins Handguide to the Native Trees of New Zealand", William Collins Publisher Ltd, 1988.

Als einfühlsamer, spannend zu lesender Bestseller ist das Buch der neuseeländischen Schriftstellerin Keri Hulme, „Unter dem Tagmond", S. Fischer Verlag, 1987 (englischer Titel „The Bone People") bekannt. Dieser Roman gewährt Einblick in die Maori-Kultur.

Mahia Peninsula →Regionen: Hawke's Bay

Marlborough Sounds

Die faszinierende Region Marlborough Sounds auf der Südinsel hat sich bis heute etwas Paradiesisches bewahrt. Unzählige kilometerlange Wasserstraßen, versteckte Buchten, Strände und Inseln machen die Schönheit dieser Landschaft aus; gekrönt wird sie von undurchdringbar erscheinendem Busch. Abel Tasman war der erste Europäer, der sich im Marlborough Sounds aufhielt. Hundert Jahre später landete Kapitän James Cook und verbrachte mehr als drei Wochen in diesem Gebiet, in das er immer wieder zurückkehrte. Dank seiner äußerst detaillierten Aufzeichnungen wurden die Marlborough Sounds zum bekanntesten Gebiet der südlichen Hemisphäre. Die Region wurde in späteren Jahren zum Ausgangspunkt der Walfänger.

Haben sich bis heute etwas Paradiesisches bewahrt, die Marlborough Sounds auf der Südinsel

Doch auch von Unruhen wurden die Marlborough Sounds nicht verschont. Als in der Gegend um Nelson (→dort) das Land knapp wurde, drängten die Siedler immer mehr nach Osten, bevölkerten die Sounds, sehr zum Leidwesen der dortigen Bevölkerung. Zuerst kam es zu handgreiflichen Auseinandersetzungen mit den Maori, dann stellten sich auch die weißen Siedler gegen die Eindringlinge. Schließlich fand man vor der Kolonialregierung Gehör, das Gebiet wurde zur eigenständigen Region ernannt. Das heutige Picton (→dort), damals die Siedlung Waitohi, wurde zur Hauptstadt ernannt. Bereits 1865 verlor die Stadt diesen Status an die zweite Siedlung, das heutige Blenheim (→dort).

Maße und Gewichte

Nach langer Zeit des „Imperial System of Weights and Measures" hat auch Neuseeland inzwischen auf das metrische System umgestellt. Dennoch muß man sich z.B. bei vielen Karten noch auf die alten Maßeinheiten einstellen. Und auch im täglichen Gebrauch hat sich die neue Regelung noch nicht ganz durchgesetzt. Hilfreich zu wissen:

1 inch	2,54 cm
1 foot	30,50 cm
1 yard	91,40 cm
1 mile	1,61 km
1 ounce	28,30 g
1 pound	454,00 g
1 pint	568,00 ml
1 quart	1,14 l
1 gallon	4,55 l
1 barrel	163,65 l

Die Gallon-Angabe ist für all diejenigen nützlich, die beim Automieten den durchschnittlichen Verbrauch errechnen wollen. So bedeutet z.B. 40 miles per gallon 7 Liter auf 100 Kilometer.

Masterton

Nicht weit entfernt von Wellington liegt Masterton. Das Städtchen ist Zentrum des fruchtbaren Farmgebietes Wairarapa und Austragungsort des jährlichen „Golden Shears Wettbewerb", einem internationalen Vergleich im Schafscheren, zu dem die Teilnehmer aus aller Welt angereist kommen. Ansonsten sind in Masterton der *Queen-Elisabeth-Park* mit seiner Miniatureisenbahn, das *Wairarapa Kunstzentrum* und etwas außerhalb das *Mt. Bruce Native Bird Reserve* mit seinen zahlreichen seltenen Vogelarten sehenswert.

Masterton / **Praktische Informationen**

Ärztliche Versorgung: Masterton Public Hospital, Te Ore Ore Rd., Tel. (059) 82-099 oder Dr. R.D. Wigley, 20 Workshop Rd., Tel. (059) 88-488.
Wichtige Adressen
Polizei: Police Station, Park Ave., Tel. (059) 86-166.

Märkte →*Handeln*

Maunganui

Der kleine Badeort in der Bay of Plenty (→dort) ist bei den Neuseeländern als Urlaubsziel sehr beliebt. Er liegt am Fuße des Mt. Maunganui, einem 232 m hohen

Napier

Berg, von dem aus man einen herrlichen Blick über Wasser und Land hat. Zahlreiche Segelboote tummeln sich in der Saison im kleinen Hafen, schöne Strände locken Wassersportler und Badeurlauber aus nah und fern. Am Fuße des Berges gibt es einige heiße Salzwasser-Pools, ein interessanter Badespaß.

Maunganui / **Praktische Informationen**

Essen und Trinken: Viel Auswahl gibt es in der kleinen Ortschaft nicht. Im *Anchor Inn Hotel* an der Maunganui St. kann man eine Kleinigkeit zu essen bekommen, ebenso im in derselben Straße gelegenen *Simple Foods*.
Unterkunft: 25 NZ$ zahlt man für eine Übernachtung sowohl im *Anchor Inn Hotel*, Maunganui St. als auch im *Oceanside Hotel*, Ecke Marine Parade/Adams Ave.
Da das Baden und Schwimmen die Hauptattraktion der kleinen Ortschaft ist, hat man sich auf viele Campinggäste eingerichtet. Für 9 NZ$ pro Person kann man im *Omanu Beach Holiday Park*, 70 Ocean Beach Rd. Einzug halten. 7.50 NZ$ kostet der Zeltplatz im *Ocean Pines Motor Camp*, Maranui St., und 6 NZ$ bezahlt man im *Mt. Maunganui Domain Motor Camp*, direkt am Fuße des Berges gelegen. Alle drei Campingplätze bieten auch Unterkunft in Hütten an.
Wichtige Adressen
Informationszentrum in der Maunganui Rd., stadtauswärts Richtung Tauranga.

Medikamente →*Ärztliche Versorgung, Apotheken, Reiseapotheke*
Medizinische Versorgung →*Ärztliche Versorgung, Apotheken*
Mt. Egmont →*Nationalparks: Mt. Egmont National Park*

Napier

Zu den wichtigsten Zentren des Weinanbaus zählt die Stadt Napier auf der Nordinsel, die in der Hawke's Bay (→*Regionen*) wunderschön gelegen ist. Als bekanntere der beiden Art deco-Städte hat Napier im Vergleich zu Hastings (→*dort*) weltweiten Ruhm und inzwischen das Ambiente eines Küstenkurortes erlangt. Seit 1858 hat die Stadt, die inzwischen mit ihrem Umland als Weinanbaugebiet, aber auch als größter Umschlagplatz für Wolle bekannt ist, den Status der Hauptstadt der Region Hawke's Bay.

Napier / **Geschichte**

Das für Napier bewegende Datum ist der 3. Februar 1931, der Tag, an dem ein gigantisches Erdbeben die Region erschütterte und die Städte Napier und Hastings in Schutt und Asche legte. Tausende von Arbeitslosen besiedelten die Region Hawke's Bay, um beim Wiederaufbau behilflich zu sein. Dem damaligen Trend zufolge ließen sich die Stadtplaner vom Stil des Art deco inspirieren und verschrieben das neue Napier gänzlich dieser Kunst. So zeigt sich heute ein völlig homogenes Stadtbild, das seinesgleichen suchen muß. Neben diesem „Vorteil" bewirkte das Erdbeben auch, daß 40 Quadratkilometer Land dazugewonnen wurden.

Napier / **Sehenswürdigkeiten**

Zu allererst ist natürlich die Architektur der gesamten Stadt zu nennen. Man kann sich selbst ein Bild von der Stilrichtung des Art deco machen oder aber an einem Stadtrundgang mit Führung teilnehmen (leider nur Sonntags). Dieser beginnt um 14 Uhr am Museum und kostet 3.50 NZ$. Ein weiterer wunderschöner Spaziergang bietet sich an der Uferpromenade *Marine Parade* an. Hier kann man einen Blick in herrliche Parks und Gärten werfen, die Allee selbst ist mit imposanten Araukanier-Bäumen angelegt. An der Marine Parade befinden sich auch das *Marineland*, wo man Seehunde und Delphine bewundern kann (täglich von 9.30 bis 16.30 Uhr ge-

Haka, der Kriegstanz der Maori

öffnet, Eintritt 4.50 NZ$), und das *Hawke's Bay Aquarium* mit einer spektakulären Auswahl von Meerestieren (täglich von 9 bis 21 Uhr geöffnet, Eintritt 4.50 NZ$). Ebenfalls dort findet man *Lilliput*, ein Miniaturdorf mit Miniatureisenbahn und ein Planetarium. Weiter nördlich an der Seeseite der Marine Parade liegt das *Nocturnal Wildlife Centre*, in dem man nicht nur dem Nachtvogel Kiwi begegnen kann (täglich von 10 bis 16 Uhr geöffnet, Eintritt 2.50 NZ$).

Napier / **Museen und Galerien**

Am Ende der Browning St. an der Einmündung zur Marine Parade befindet sich das *Hawke's Bay Art Gallery & Museum*. Hier findet man Exponate zur Regionalgeschichte, gute Ausstellungsstücke zum Thema Kunsthandwerk, Relikte der Maori-Kultur aber auch Stücke zur europäischen Besiedlung. Von besonderem Interesse ist die Fotodokumentation über das Erdbeben. Geöffnet ist das Museum an Wochentagen von 10.30 bis 16.30 Uhr, am Wochenende von 14 bis 16.30 Uhr, der Eintritt beträgt 2 NZ$.

Napier / **Praktische Informationen**

Ärztliche Versorgung: Napier Hospital, Hospital Terrace, Tel. (06) 8-354-969 oder Hawke's Bay Health Services, 30 Munroc St., Tel. (06) 8-354-696.
Automobile Association: Das Büro befindet sich in der Dickens St.
Autovermietung: „Avis" in der 14 Station St.
Essen und Trinken: Nicht nur weil es im Art deco-Stil erbaut ist, ist das Restaurant *Dijon's*, 80 Emerson St. empfehlenswert. Hier gibt es eine vielseitige, gute Küche. Gut essen kann man auch in der 14 Raffles St., im *Drago's Restaurant*. Und wer die indonesische Küche liebt, ist im *Restaurant Indonesia* in der 90 Marine Parade gut bedient. Auch die Auswahl an chinesischen Restaurants ist sehr groß. Besonders gut mit Fast Food- und Take away-Läden ausgestattet ist die Emerson Street.
Unterkunft
In der Nähe des Strandes gelegen ist das *Blue Lagoon Motel*, 27 Meeanee Quay, Tel. 359-626, DZ 70/EZ 58 NZ$. In der Hastings St. liegt das *Fountain*, Tel. 357-387, DZ 65/EZ 56 NZ$.
Gästehäuser haben sich entlang der Marine Parade etabliert, fast alle bieten Übernachtung mit Frühstück. So z.B. *Waterfront Lodge*, 36 Marine Parade, Tel. 353-429, DZ 38/EZ 26 NZ$ oder *Pinehave Privat Hotel*, 42 Marine Parade, Tel. 355-575, DZ 48/EZ 36 NZ$.
Das *Napier Youth Hostel*, 47 Marine Parade, Tel. 57-039 nimmt pro Nacht 11 NZ$. Wie so oft befinden sich die Campingplätze etwas außerhalb; der am nächsten ge-

legene ist der *Kennedy Park*, Tel. 439-126 in Marewa. Für den Zeltplatz zahlt man 7 NZ$, für ein Häuschen zwischen 30 und 50 NZ$.
Verkehrsverbindungen: Problemlose Weiterreise mit Flugzeug, Zug und Bus.
Wichtige Adressen
Das Informationszentrum an der Marine Parade hat wochentags von 8.30 bis 17 Uhr, am Wochenende von 9 bis 17 Uhr geöffnet.
Polizei: Napier Police Station, Station Rd., Tel. (06) 8-354-688.
Post: Ecke Dickens/Hastings St.

Nationalparks

Neuseeland ist das Land der Nationalparks schlechthin. Für jeden Geschmack gibt es hier etwas, und die Neuseeländer selbst lieben ,,ihre" Nationalparks über alles. So trifft man hier also nicht nur wanderbegeisterte Touristen aus aller Welt, man macht auf jeden Fall auch Bekanntschaften mit Einheimischen. Der Stolz, den die Kiwis (→dort) für ihre Nationalparks empfinden, kommt nicht von ungefähr: Jeder einzelne ist sehr gut angelegt und wird bestens gewartet. Hier kann sich der ungeübte Wanderer ebenso auf den Weg machen wie der erfahrene Naturfreund. Die Routen und Tracks sind so angelegt, daß jeder auf seine Kosten kommt und nach eigenem Können abschätzen kann, welchen Weg er wählen und welche Naturschauspiele er genießen möchte.

Das Schöne an den Nationalparks ist auch, daß sie alle so verschieden sind und jeder eine besondere Natur zugänglich macht. Selbst, wenn sie dicht beieinander liegen. So kann sich selbst derjenige, der nicht allzu viel Zeit für Aotearoa (→dort) mitgebracht hat, nach dem Besuch einiger Nationalparks einen kleinen Eindruck davon machen, wie vielfältig und abwechslungsreich das ,,Land am anderen Ende der Welt" ist.

Im folgenden soll eine kurze Übersicht über die insgesamt zwölf Nationalparks, vier auf der Nordinsel und acht auf der Südinsel, gegeben werden, damit man sich schon im Vorfeld ein wenig orientieren und eventuell planen kann, welchen Nationalpark man in seine persönliche Reiseroute einbeziehen möchte.

Nationalparks / **Nordinsel**
Egmont National Park
Der Egmont National Park ist an der Westküste der Nordinsel um den Mt. Egmont herum angelegt.
Der Mt. Egmont, den die Maori heute noch Mt. Taranaki nennen, bildet den Mittelpunkt des Parks. Auf Wegen, die insgesamt eine Länge von mehr als 320 km mes-

sen, kann man dieses wunderschöne Gebiet erforschen. Neben grüner Vegetation in allen Variationen hat man immer den erhabenen Vulkan im Blickfeld, der die Landschaft in seiner typischen Kegelform mit einer Höhe von 2518 m überragt.

Die Umgebung des Mt. Egmont ist geprägt von weitem Farmland; Asche und Schlamm, die der Vulkan früher ausstieß, waren eine gute Grundlage für ertragreichen Boden. Um den Berg mit seinem meist schneebedeckten Gipfel herum schmiegt sich ein dichter Waldgürtel, den zu durchwandern eine besondere Freude ist. Verschiedenste Baumarten und fremde Büsche finden sich hier. Je höher man kommt, desto besser lassen sich die Veränderungen der Bergflora mitverfolgen: Die Bäume werden schlanker und ihr Bestand nimmt ab, Stauden und flaches Buschwerk gewinnen die Oberhand. Sie werden abgelöst von bodenbedeckenden Kräutern und Gräsern, bis man endlich zum vom Lavagestein geformten Boden vordringt.

Das Wetter in den höheren Regionen des Egmont National Parks ist oftmals rauh, doch man kann dort ebenso schöne und sonnige Tage genießen. Die Tracks beginnen bei leichten Tagestouren, gehen über schöne Mehrtageswanderungen (mit Übernachtung in Hütten) bis hin zu geführten Kletterpartien. Im Winter bietet sich das Manganui Schneefeld als geeignete Skipiste für den weißen Sport an.

Praktische Informationen

Informationen erhält man im Visitor Centre in New Plymouth oder im Visitor Centre des Mt. Egmont, am Ende der Egmont Rd.

Whanganui National Park

Der Whanganui National Park liegt östlich vom Egmont National Park und ist ein sehr junger und einfach zu erforschender Nationalpark. Im Februar 1987 eröffnet, bietet er den Besuchern eine spektakuläre Landschaft mit vielfältigem Baumbestand, zerklüfteten Felsen und zahlreichen Windungen des Wanganui Flusses. So können diejenigen, die des Wanderns vielleicht schon müde sind, einen Teil des 79 000 ha großen Nationalparks erkunden, indem sie den Wanganui per Boot befahren und so die Schönheit der Landschaft genießen. Kanufahren ist eine Möglichkeit, aber auch Jetboot-Touren werden angeboten.

Praktische Informationen

Erkundigen kann man sich im Whanganui Visitor Centre.

Tongariro National Park

Im Herzen der Nordinsel liegt der erste Nationalpark Neuseelands, der Tongariro National Park, der die Geschichte dieser von Vulkanen, heißen Quellen und Geysiren geprägten Gegend erzählt. Und der durch seine alles überragenden Vulkane, den Mt. Ruapehu mit 2797 m, den Mt. Ngauruhoe mit 2291 m und schließlich den Mt. Tongariro selbst (1968 m) auf sich aufmerksam macht.

Daß der Tongariro der erste Nationalpark in Aotearoa (→dort) war und in der Welt an vierter Stelle stand, ist dem umsichtigen Maori-Häuptling Te Heuheu IV. Tukino vom Stamm der Ngati Tuwharetoa zu verdanken. Als die europäischen Siedler den Maori nach und nach ihr Land „abluchsten", wollte Te Heuheu dieses Gebiet, das seine Vorfahren schon besiedelt und dessen Vulkane sie zu tapu *(→Maori)* erklärt hatten, bewahren. So schenkte er es im Jahre 1887 der Regierung unter der Bedingung, daß das Gebiet geschützt würde und in seiner ursprünglichen Form erhalten bliebe. So entstand der erste neuseeländische Nationalpark.

Ein überwältigender Park mit zahlreichen Möglichkeiten: Schon allein der Anblick der drei Vulkane ist etwas Besonderes. Die variationsreiche Landschaft tut ihr übriges. Alpine Vegetation, die sich an kleinen Flüssen in sattes Grün verwandelt, oder als Gegensatz dazu, je näher man den zum Teil noch aktiven Vulkanen kommt, die „Geröllwüste" mit Lavagestein in bizarren Formen.

Bizarre Vulkanlandschaft mit Kraterseen im Tongariro Nationalpark

Nationalparks

Es gibt einfache und kombinierte Touren zuhauf, man kann Tage hier verbringen. Darum nur eine kleine Auswahl von wirklich sehenswerten Plätzen.

Viele Mehrstundenwanderungen starten am *Le Chateau,* dem Hotel mit Visitor Centre, so z.B. ein Zwei-Stunden-Marsch zu den *Taranaki Falls.* Auf gut angelegten Wegen geht es durch ebene Landschaft: vielfältige Vegetation, große Waldstücke mit Farnbäumen, sogenannten Pongas, Palmen und fremdartigen Nadelbäumen. Bald sind die Taranaki Falls erreicht, die nicht eben spektakulär sind, aber doch schöne Wasserspiele bieten.

Etwa 20 km vom *Le Chateau* entfernt beginnt der Ketetahi Walk. Durch noch reichhaltigeren Wald geht es über viele natürliche Treppen und Brücken einen steilen Weg hinauf. Er führt durch dunkelgrünes Buschwerk und Vulkanlandschaft. Je höher man kommt, desto mehr geht es "über Stock und Stein", aber auch für ungeübte Wanderer ist diese Strecke durchaus machbar. Die Landschaft wird karger, felsiger, Schwefelgeruch macht sich breit. Die Ketetahi Springs, heilige Quellen oberhalb der Baumgrenze, die in Maori-Besitz verblieben sind, entladen aus einem dampfenden, qualmenden Loch heißes Wasser, das über ein terrassenartig abgestuftes Flußbett nach unten fließt. An den einzelnen Stufen sammelt sich das Wasser in Pools. Hier kann man im mehr als badewannenwarmen Wasser sitzen, selbst wenn die Luft um einen herum relativ kühl ist (schließlich hat man doch einige Höhenmeter überwunden). Angenehme Überraschung: Entsteigt man den heißen Quellen, spürt man den Temperaturunterschied nicht allzu sehr. Im Gegenteil: Die Luft kommt einem nun viel angenehmer vor.

Von den Ketetahi Springs kann man zur nächstgelegenen Hütte wandern, um am nächsten Tag dann die Vulkane „in Angriff zu nehmen". Man kann diese Wanderung aber auch wieder neu am Fuße des Nationalparks beginnen. So z.B. die siebeneinhalb Stunden dauernde Tour zum *Mt. Ngauruhoe Summit* — zum Gipfel —, die am Ende der Mangatepopo Rd., sechs Kilometer abseits der State Highway 47, beginnt. Der Weg schlängelt sich anfangs durch die seltsame Flachlandvegetation mit dunkelgrünem Buschwerk, das hier zwischen Lavagestein ans Licht drängt. Nach etwa einer Stunde erreicht man die *Soda springs,* auch hier umgibt einen Schwefelgeruch. Das Lavageröll erhebt sich allmählich zu eigenständigen Hügeln und Bergen in verschiedenen Formen. Der Weg wird langsam steiler, die Landschaft karger. Der Qualm des Vulkans Mt. Ngauruhoe steigt jetzt sichtbar auf. Schließlich hat man den Sattel zwischen dem Mt. Tongariro und dem Mt. Ngauruhoe erreicht. Von hier aus kann man nun verschiedene Richtungen einschlagen. Ein Weg führt zu den Kraterseen oder zum Mt. Tongariro. Es ist allerdings auch möglich, den Mt. Ngauruhoe zu besteigen. Wer sich in dieses Abenteuer stürzen möchte, muß allerdings einige Mühen und eventuell zerschlissenes Schuhwerk in Kauf nehmen. Es ist aber nicht allzu gefährlich und lohnt sich auf jeden Fall. Denn wenn man sich über die rutschige Geröll-Sand-Schicht ganz nach oben gearbeitet hat, (z.T. auch auf allen vieren), hat man zum einen einen wunderschönen Blick über die ganze Gegend — man sieht einige Kraterseen in ihren unterschiedlichen, kräftigen Farben — zum anderen kann man auch einen Blick in den brodelnden, dampfenden Krater werfen. Ein Bild, das man sicher nie vergißt.

Praktische Informationen

Im *Le Chateau* kann man sich sämtliche Unterlagen über den Park, sehr gut beschriebene Touren und auch die neueste Wettervoraussage besorgen. Hier gibt es auch einen Campingplatz und Einkaufsmöglichkeiten.

Urewera National Park

Nordöstlich vom Tongariro National Park gelegen, durch den Park führt die State Highway 38.

Die große Palette verschiedener Grüntöne auf unzähligen Kilometern macht die Schönheit dieses Parks aus. „Native bush" wohin man sieht, Pfade und Wege, auf denen man sich mitten in die unberührte Natur hineinbegeben und sich wie im tiefsten „Urwald" fühlen kann. Aber keine Angst: Wilde Tiere gibt es hier nicht! Eine solche Vielfalt an Bäumen, Büschen, Farnen, Palmen, Sträuchern und Gräsern gibt es wohl selten in einer Region vereint. Bemooste Bäume, die jahrhundertealte Geschichte verkörpern, wilde Bäche und beste Möglichkeiten, die artenreiche Vogelwelt zu erkunden, bieten sich hier. Ausgangspunkt für zahlreiche Wanderungen ist der Lake Waikaremoana, an dem auch im Zelt oder in verschiedenen Hütten übernachtet werden kann. Wer sich nicht allein in die Tiefen dieses Parks mit seinen wunderschönen Seen und Anhöhen begeben möchte, kann zum Beispiel eine geführte Fünf-Tages-Tour von Ruatoria zu den Ufern des Whakatane Rivers mitmachen. Ferner kann man den Park auch per Boot erkunden. Und für Jäger tun sich hier, nach vorhergehender Genehmigung, endlose Jagdgründe auf.

Die Straßen, die durch den Nationalpark zum Waikaremoanasee führen, sind nur geschottert und daher ziemlich holprig. So ist man zum Langsamfahren gezwungen. Doch das hat auch sein Gutes: denn schon hier tut sich die wunderschöne Vielfalt des Waldes auf. Und man sieht unzählige kleine Maori-Siedlungen an der Wegstrecke, in denen noch die „typischen" Ureinwohner — wie man sie sich eben vorstellt — leben.

Schon auf ganz kurzen Spaziergängen kann man die unterschiedlichsten Pflanzen sehen. Gründe für die abwechslungsreiche Natur: die großen Temperaturunterschiede und die verschiedenen Lichteinfälle. Kurze Spaziergänge, ausgehend vom Information Centre, sind z.B. der einfache Hinerau Track, bei dem man zwei wunderschöne Wasserfälle, die Momahaki Falls und die Te-Tangi-O-Hinerau-Falls, passiert. Schön auch der Ngamoko Track, auf dessen Spuren man bereits nach 15 Minuten

Nationalparks 77

einen mächtigen Rata-Baum erreicht. Besonders an diesem Baum sind nicht nur sein immenses Alter, seine Höhe und seine Ausdehnung, sondern auch das gigantische Wurzelwerk zu seinen „Füßen". Freigelegte Wurzeln säumen oft diese etwa zweieinhalbstündige Tour, die recht steil nach oben geht. Doch das Ende des Ngamoko Tracks krönt ein Blick auf den *Lake Waikaremoana*. Hier kann man sehr schön sehen, daß er wie ein Stern mit fünf Zacken in der Landschaft liegt.
Ebenfalls empfehlenswert ist die Erforschung der *Onepoto Caves*. Auf einem gut angelegten Rundweg, der durch verschiedene Höhlen und über sie hinweg führt, ist man rund zwei Stunden unterwegs. Es geht auf und ab, zum Teil über nassen, rutschigen Fels, aber doch ein schönes Erlebnis.
Praktische Informationen
Das Visitor Centre findet man in Aniwaniwa, einer kleinen Ansiedlung. Der Park liegt auf direktem Weg zwischen Rotorua und Wairoa.

Nationalparks / **Südinsel**

Abel Tasman National Park

Vielleicht einer der schönsten, wenn auch für neuseeländische Verhältnisse eher kleiner Nationalpark, ist der Abel Tasman, der nach seinem niederländischen Entdecker benannt ist. Am nördlichen Ende der Südinsel gelegen, erstreckt er sich über 18 000 ha.
Die Faszination, die der Abel Tasman National Park ausübt, läßt sich kaum beschreiben. Denn jeder erlebt diese Schönheiten anders, nicht allein deshalb, weil man ihn auf zwei verschiedenen Routen begehen kann: auf dem Coastal Track, also an der Küste entlang, oder dem Track durch das Landesinnere. Etwa 50 km von Nelson entfernt — Buszubringer fahren jeden Tag — kann man den Coastal Track in Kaiteriteri beginnen. Hier wird man mit kleinen Booten zur Sandy Bay gebracht: weißer Sandstrand, blaugrünes Meer, grünes Land, blauer Himmel. Hat man hier ein kurzes, steiles Stück nach oben in den Wald zurückgelegt, geht der Track fast eben weiter. Herrlich zum langsamen Spazieren oder zügigen Wandern. Immer wieder hat man durch das grüne Dickicht einen Blick auf die See. Herrliche Buchten, malerische Strände und Wasser, Wasser, Wasser ... Nach einem Drei-Stunden-Marsch erreicht man die *Anchorage Hut*. Nächster Stop nach gut einer Stunde ist die *Torrent Bay,* weitere drei Stunden entfernt die *Bark Bay*. Allesamt sind sie wunderschöne Plätze mit viel Grün, Meer und Strand sowie mit Übernachtungsmöglichkeiten, entweder in Hütten oder im mitgebrachten Zelt.
Die nächste Etappe geht zur *Awaroa Bay*, auch hier eine prima Hütte mit Fluß und umliegenden Grünflächen zum Zelten. Von hier aus muß man ein Stück „Meer" bewältigen, was nur bei Ebbe möglich ist. Weiter geht's durch Busch, an einsamen

Buchten entlang, von denen eine schöner als die andere ist und die allesamt zum Baden oder Sonnen einladen. Hier kann man sich auch gut alleine in einer solchen Bucht tummeln, da sich die Wanderer auf dieser Strecke „gleichmäßig verteilen". Die nächsten Stationen dieses Coastal Tracks sind *Goat Bay* und *Totaranui,* eine kleine Ansiedlung, die auch als Ausgangspunkt für den Track in Richtung Norden oder Süden gilt, *Anapai Bay, Whariwharangi Bay* — bevor man diese erreicht lohnt sich ein Abstecher zum *Separation Point,* von dem aus man ganz steil nach unten die ganze Küste überblicken kann — und *Wainui Inlet.* Auf diesem letzten Stück ändert sich die Landschaft auch ständig, das satte Grün verwandelt sich oft in einen regelrechten „Gespensterwald" mit dürren Bäumen.

Am Wainui Inlet muß man wieder durchs Meer waten, erreicht so eine kleine Ansiedlung und über Takaka und Pohara geht es am besten zurück nach Nelson.

Praktische Informationen

Bereits in Nelson, ob am Visitor Centre oder in den einzelnen Motorcamps, bekommt man zahlreiche Informationen über den Abel Tasman National Park. Da sich dieser besonders gut für Mehrtagestouren eignet — oft kann man sich von einem der zahl-

Im Abel Tasman National Park stößt man oft auf einsame Buchten

reichen Strände einfach nicht losreißen und schiebt dann gerne ein paar Tage „Badeurlaub" ein — darf man nicht versäumen, sich einen „Orange Paß" zu besorgen, denn die Übernachtung im Park, gleichgültig ob in Hütten oder im eigenen Zelt, kostet 4 NZ$ pro Person. Der Besitz dieser Pässe wird durch Ranger, die man unterwegs oder in den Hütten trifft, überprüft. Außerdem sollte man sich aureichend mit Lebensmitteln versorgen, denn unterwegs hat man keine Möglichkeit, etwas einzukaufen.

Paparoa National Park
Einige Kilometer in südlicher Richtung vom Abel Tasman National Park, direkt an der Westküste gelegen.
Ebenfalls ein recht „junger" Nationalpark — erst seit 1986 — ist der Paparoa mit seinen 28 000 ha. Wunderschöne Wildnis, von der „wilden" Westküste bis ins Landesinnere reichend, mit vielfältiger Flora und Fauna. Wälder, Anhöhen, aber auch Flachland bieten hier die Möglichkeit zu zahlreichen kurzen oder langen Touren. Das wohl bekannteste Ziel, das im Paparoa National Park liegt, sind die Pancake Rocks (→dort) bei Punakaiki. Dorthin ist es ein sehr leichter und kurzer Spaziergang, wenn man vom Punakaiki Information Centre, bei dem auch der Parkplatz ist, losgeht. Nach nur fünf Minuten durch Farn- und Palmenanlagen gelangt man bereits zur ersten „Blowhole", einem Naturschauspiel, das es nicht allzu oft auf der Welt gibt. Nur bei Flut und gutem Wind wird das Wasser des Meeres so stark in die von ihm selbst gearbeiteten Löcher im Fels gedrückt, daß es oben als riesige Fontäne, fast wie bei den Geysiren, heraussprengt. Ein herrlicher Anblick, oft auch mit einem wunderschönen Lichterspiel verbunden. Fünf Minuten weiter erlebt man dann die ganze Schönheit der Pancake Rocks, dieser überwältigenden Felsformationen, die in der Tat wie übereinandergeschichtete Pfannkuchen aussehen (→Pancake Rocks).
Praktische Informationen
In Punakaiki erfährt man alles Wissenswerte, hier gibt es auch Übernachtungsmöglichkeiten. Die nächst größere Stadt ist Greymouth (→dort), etwa 40 km entfernt.

Westland National Park
Südlich des Paparoa National Park, an der Westküste etwas ins Landesinnere gerückt.
Kühl und unerforschbar, mit zahlreichen Kontrasten, so erscheint der Westland National Park. Aber auch hier kann man sich auf unzähligen Wegen tummeln, die Vielfalt der Landschaft genießen. Am bekanntesten sind in diesem Nationalpark die beiden Gletscher, Franz Josef- und Fox-Glacier (→jeweils dort), aber darüber hinaus

gibt es in dieser sagenhaften Landschaft noch mehr als 60 kleine Gletscher zu entdecken, die sich aus den gewaltigen Bergmassiven herabdrängen.
Alpines Grasland, Schneefelder, Wasserfälle, Wälder, Flüsse und Seen bestimmen das Bild. Doch man geht auch hier auf den Spuren der Goldgräber, die einstmals in dieser Region ihr Glück versuchten. Neben den Gletschern ist dieser Park auch durch den Copland Track berühmt geworden. Dieser führt vom Mt. Cook über die südlichen Alpen zum Fox Gletscher und ist, da ziemlich schwierig und alpin, nur geübten Wanderern oder am besten unter kundiger Führung zu empfehlen. Natürlich kann man sich die Szenerie auch ganz bequem durch Hubschrauber- und andere Rundflüge zu eigen machen.

Praktische Informationen
Holt man sich am besten in den Park Visitor Centres am Franz Josef- und am Fox-Glacier. Hier gibt es auch die verschiedensten Unterkünfte. Bei Mehrtageswanderungen ist das Übernachten in Hütten möglich.

Mount Cook National Park

Wenige Kilometer südlich des Westland National Parks, aber direkt im Landesinneren, am gleichnamigen Berg gelegen.
Mit 3764 m Höhe ist der Mt. Cook der höchste Berg Neuseelands und Mittelpunkt des Nationalparks. Auch hier bietet sich wieder eine Vielzahl von Wanderungen an, die einem die breite Palette der alpinen Natur zugänglich macht. Auf der Straße zur Mt. Cook-Siedlung *The Hermitage* passiert man den *Lake Pukaki,* der vom Tasman Fluß gespeist wird. Ein einmaliges Farbenspiel in Blau- und Grüntönen, wie man es selten bewundern kann. Bei sehr guten Wetterverhältnissen kann man erleben, wie sich der gewaltige Mt. Cook im Wasser des Lake Pukaki spiegelt.
The Hermitage liegt etwa 20 km vom Fuß des Mt. Cook entfernt. Von hier aus, oder aber vom zwei Kilometer entfernt gelegenen Campingplatz, starten zahlreiche Tracks, wie z.B. der „Hooker Valley-Track", der an einer Gedenkstätte für im Berg Verunglückte vorbeiführt, oder der „historical walk". Man überquert „schwingende Brücken", die sehr viel Zutrauen verlangen und ein Kribbeln in der Magengegend verursachen, wenn man sich auf den locker aufgehängten Holzdielen über Flüsse oder Täler hinwegbewegt. Aber die „swinging bridge" gehört nun mal zu den Besonderheiten neuseeländischer Nationalparks. Das Besondere an den Gletscherflüssen, die man hier überquert, ist das unheimlich wirkende Grau des Wassers, das dennoch nicht schmutzig, vielmehr eisig und kühl erscheint.
Beide Wege führen relativ eben und einfach durch die faszinierende alpine Vegetation, bei der sich der Pflanzenliebhaber in die verschiedensten Arten vertiefen kann. Aber auch Vogelkundler kommen hier auf ihre Kosten. Und selbst wenn man sich hierin nicht so auskennt, kann man sich doch an der Vielzahl der Keas (→*Tiere*)

erfreuen, die einem mit ihrem Geschrei nachts allerdings auch schon mal den letzten Nerv rauben können.
Eine andere Wandermöglichkeit ist noch der Fünf-Stunden-Track zu den *Sealy Tarns.* Dies ist allerdings eine sehr mühselige und steile Wanderung, die dafür aber mit einem Rundblick auf die gesamte Landschaft und das Gebirgsmassiv belohnt. Ab und zu hört man ein Grollen in der Ferne und wenn man Glück hat, kann man die Ursache dafür auch sehen: Gletscherlawinen stürzen ins Tal.
Zwar führt der Weg anfangs von *The Hermitage* aus recht eben und einfach durchs Gelände, doch an dem Punkt, an dem sich der Track gabelt (entweder zu den Sealy Tarns oder zum Kea Point), geht es steil bergauf. Geröll und Steinbrocken sind zu überwinden, der Höhenunterschied kann sich leicht bemerkbar machen.
Der Weg zum Kea Point ist wesentlich einfacher, dafür bietet sich auch kein so überwältigender Anblick. Aber auch er ist lohnenswert.
Freilich gibt es noch zahlreiche andere Touren, die zum Teil aber nur mit einem geschulten Führer unternommen werden können. Ebenso bietet sich der Mt. Cook National Park im Winter als Eldorado für Skifahrer an.
Praktische Informationen
The Hermitage ist eine kleine Ansiedlung in 762 m Höhe und rund 20 km vom Mt. Cook entfernt. Hier bekommt man Informationen, Übernachtungsmöglichkeiten und kann auch einkaufen.

Mount Aspiring National Park
Im unteren Drittel der Südinsel, im westlichen Inland gelegen.
Ein weitreichender Nationalpark, der von alpiner Landschaft bestimmt wird und den Wanderer durch seine wilde Natur begeistert. Benannt nach dem 3035 m hohen Mt. Aspiring, schließt der Park 287 163 ha Land in seinen Grenzen ein. Er erstreckt sich von den Seen Wakatipu und Wanaka bis hin zur Tasman See.
Möglichkeiten, die rauhe Schönheit des Mt. Aspiring National Parks zu entdecken, bieten sich nur im östlichen Gebiet. Hier gibt es angelegte Pfade, Wege und Tracks, Selbstversorger-Hütten mit Plätzen zum Übernachten erlauben schöne Mehrtageswanderungen. Sehr beliebt ist der Park bei Kletterfreunden, die hier — am besten unter ortskundiger Leitung — voll auf ihre Kosten kommen. Einen Teil der vielfältigen Natur des Mt. Aspiring National Parks kann man, sofern des Wanderns müde, vom Auto aus bewundern: Die Überquerung des Haast Passes gibt einen kleinen Einblick in die dortige Bergwelt mit ihren Hügeln, Seen und Wäldern. Von den Maori wurde der Haast Paß als Weg zu den Jadevorkommen der Westküste genutzt. Er führt durch reiche Südbuchen-Wälder, kleine Nebenstraßen zweigen zu verschiedenen Wasserfällen ab.

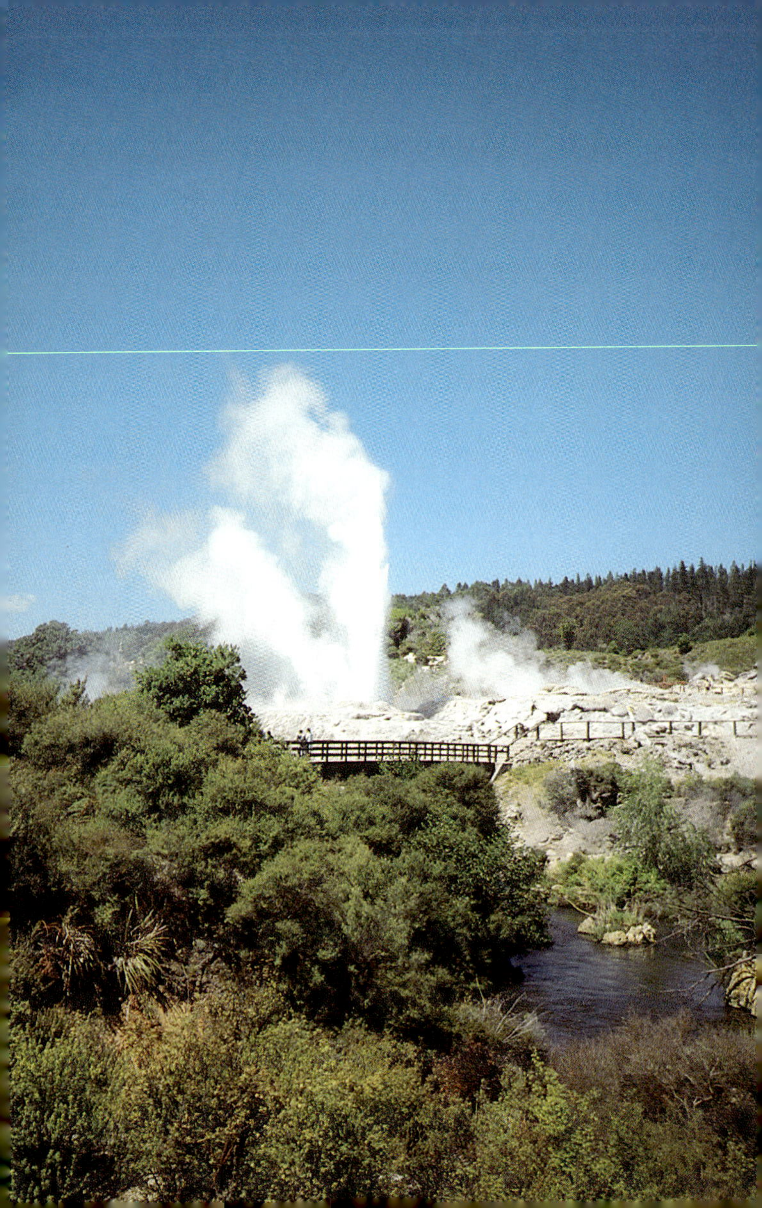

Einer der beliebtesten Tracks, der von manchen Neuseeländern sogar dem Milford Track (→*Nationalparks: Fjordland National Park*) vorgezogen wird, ist der *Routeburn Track*: 18 km von seinem Beginn entfernt liegt die kleine Ortschaft Glenorchy, die von größeren Städten per Bus angesteuert wird und von der aus man mit dem Bus auch an den Beginn des Routeburn Tracks gebracht wird. Die ersten zweieinhalb Stunden geht es noch relativ eben, allerdings über „Stock und Stein" durch Waldlandschaft, über Hängebrücken — immer mit Blick auf die umliegenden Berge, die noch dichtbewaldet, aber auch zum Teil schneebedeckt sind. Steil und steinig führt der Weg dann aufwärts zu den *Routeburn Falls*. Nach weiteren eineinhalb Stunden ist die erste Hütte erreicht. Wer nicht schon eher Bekanntschaft mit ihnen gemacht hat, trifft spätestens hier auf die Keas, die neuseeländischen Bergpapageien, die sehr zutraulich, aber auch sehr „gefräßig" sind (man behalte seinen Rucksack im Auge!). Weiter geht's, immer noch gut bergauf, bis man — nun bereits auf 1822 m Höhe — den *Harris-Sattle* erreicht hat. Von hier hat man einen überwältigenden Ausblick auf die Umgebung, Berge, unendliche Weite, breite Täler, bewaldete Hügel. Auch die Bergflora ist bewundernswert. Weiter nach oben, vorbei an kleinen und größeren Schneeflächen, hat man dann den Gipfel des Berges erreicht. Von hier aus geht es dann stetig bergab (kann zum Teil auch ganz schön anstrengend sein).

Allmählich wird es wieder grüner, vielfältiger. Der nächste Stop ist die *Mackenzie Hut*, eine Hütte am gleichnamigen See in einem wunderschönen Tal gelegen. Bis man sie erreicht hat, kommt man aber doch noch ordentlich ins Schwitzen. Doch als Entschädigung sollte man den „zauberhaften" Wald mit seinen bemoosten, gespenstisch wirkenden Baumkreationen genießen. Nach weiteren drei Stunden Marsch, die am *Earland Waterfall*, einem wirklich imposanten Wasserfall, vorbeiführen, erreicht man in tieferen Lagen die Hütte am Hawden See. Sehr schön gelegen und auch zum Ausruhen sowie — falls es nicht zu kalt ist — zum Schwimmen bestens geeignet. Nur etwa eine Stunde entfernt, auf leicht begehbaren Wegen zu erreichen, ist man am anderen Ende des Routeburn Tracks angelangt. Empfehlenswert ist es, diese etwa 40 km in einem Vier-Tages-Marsch zu bewältigen.

Praktische Informationen

Unterlagen über den Mt. Aspiring National Park holt man sich am besten im Visitor Centre in Wanaka.

◀ *Mit Fontänen bis zu 30 m Höhe ist der Pohutu-Geysir in Whakarewarewa der größte Neuseelands*

Fjordland National Park

Am südlichsten auf der Südinsel im Westen gelegen.

Beim Fjordland National Park mit seinen 1,2 Millionen ha Land handelt es sich um einen der größten Nationalparks der Welt. Seine Besonderheit sind natürlich die Fjorde, aber auch hier beeindruckt das Gesamtbild, das geprägt ist von Bergmassiven, Seen, undurchdringlich scheinenden Wäldern und rauhen Tälern.

Als „Tor zum Fjordland" gelten der *Lake Te Anau* und der *Lake Manapouri (→Seen)*, die alleine schon einen Besuch wert sind. Im Fjordland National Park ist aber auch der tiefste See Neuseelands, der *Lake Hauroko,* zu finden.

Nun aber zum „finest walk in the world", dem Milford Track, der einen großen Teil dazu beiträgt, daß der Fjordland National Park so stark von Besuchern frequentiert wird. 120 km sind es von Te Anau zum Milford Sound, eine Wegstrecke, die einem die fast unbeschreibliche Natur zugänglich macht. Der Milford Track ist inzwischen so berühmt, daß man ihn nur nach (oft monatelanger) Voranmeldung wandern darf. So soll gewährleistet werden, daß die Natur dort nicht überbeansprucht wird. Oft sind es nur geführte Gruppen, denen der Track zugänglich gemacht wird. Für eine horrende Summe von 780 NZ$ werden einem in einer Vier-Tages-Tour die schönsten Plätze dieser Wanderung gezeigt, wird man auf den Hütten bewirtet und hofiert. Wer solch durchorganisierte Touren nicht mag, hat noch die Möglichkeit, den Milford Sound auf einer Bootsfahrt zu sehen. Rund zwei Stunden dauert die Fahrt auf einem der bewirtschafteten Schiffe, man passiert unter anderem das sichtbare „Wahrzeichen" des Sounds, den 1692 m hohen *Mitre Peak,* schippert um Felsen herum, auf denen sich Seehunde aalen, sieht die *Bowen falls* und zahlreiche andere Wasserfälle sowie vieles mehr.

Erst 1988 wurde in diesem Park der *Kepler Track* eröffnet, der allerdings schon früher gewandert werden konnte. In gut drei Tagen zu wandern, erschließt auch er eine beeindruckende Landschaft. Zahlreiche Streckenabschnitte führen an den Ufern des Lake Te Anau und des Lake Manapouri entlang. Weitere beliebte Wanderrouten dieses Nationalparks sind der *Hollyford Track* und der *Greenstone Track.*

Praktische Informationen

Auskünfte und Informationsbroschüren bekommt man im Visitor Centre Lake Te Anau oder vor Ort am Milford Sound sowie im Queenstown Parkheadquarter.

Arthur's Pass National Park

Gehen wir auf der Südinsel wieder ins obere Drittel, dafür aber direkt ins Landesinnere.

Es gibt insgesamt nur fünf Straßen auf der Südinsel, die die Westküste mit der Ostküste verbinden. Eine davon führt über den Arthur's Pass, die erste Route überhaupt, die die Maori wählten, um die jadereichen Gebiete der Westküste zu erschließen. Während des Goldrausches wurde die Straße wichtig, da man hier von der Region Canterbury (→*Regionen*) zu den Goldfeldern gelangen konnte.

Heute umfaßt der Arthur's Pass National Park etwa 100 000 ha im Herzen der südlichen Alpen. Unzählige tiefe, bewaldete Täler, Schluchten, Klippen, Felswände, malerische und spektakuläre Wasserfälle, eine gigantische Fauna und viele entdeckenswerte Plätze, die ihresgleichen auf der ganzen Welt suchen können, findet man hier. Ob nur ein paar kurze Spaziergänge oder Mehrtagestouren, den Arthur's Pass National Park muß man einfach gesehen haben. Und hier trifft man dann in jedem Fall auf den Kea, den neuseeländischen Bergpapagei (→*Tiere*).

Praktische Informationen

In der kleinen Ortschaft Arthur's Pass gibt es im Visitor Centre alle nötigen Unterlagen über den Park, hier werden auch organisierte Touren angeboten.

Nelson Lakes National Park

Nördlich des Arthur's Pass National Park und im Landesinneren der Südinsel gelegen.

Dieser Nationalpark wird von den beiden Seen *Lake Rotorua* und *Lake Rotoiti* dominiert. Mit den umliegenden Bergen und den abwechslungsreichen Waldgebieten sowie dem einladenden Seeufer wird auch er zu einem Erlebnis besonderer Art. Da der Park selbst noch nicht allzu stark besucht wird — viele Touristen tummeln sich lieber in unmittelbarer Nähe zu Rotorua (→dort) —, konnte hier an vielen Stellen „unberührte Natur" bewahrt werden. Darüber hinaus kann man im Park neben wandern und klettern auch Wassersport treiben (Angeln ist hier besonders empfehlenswert) und jagen.

Praktische Informationen

Das Visitor Centre des Nelson Lakes National Parks befindet sich in St. Arnaud.

Nelson

Eine schöne, beschauliche Stadt ist Nelson, die Hauptstadt der gleichnamigen Region der Südinsel. Nicht nur als Tabak- und Hopfenzentrum, sondern auch als eines der größten Apfelanbaugebiete der Welt bekannt, darf sich die Stadt mit ihren 40 000 Einwohnern auch die sonnenreichste Stadt Neuseelands nennen. Kunstgewerbe, vor allem auf dem Gebiet der Töpferei, aber auch endlose Sandstrände tragen zur Atmosphäre und zum Tourismusstrom Nelsons bei.

Nelson / **Geschichte**

Gegen Mitte des 16. Jahrhunderts landete der Maori-Stamm Ngati-tumatakokiri im heutigen Nelson, dem bald zahlreiche andere Maori-Stämme folgten. Krieg und Unfrieden prägten die Zeit der Maori-Besiedlung, und als die New Zealand Company im Jahre 1842 Nelson als zweite ihrer Siedlungen gründete, trafen die Europäer kaum noch Ureinwohner an. Da sich die wirtschaftliche Lage Nelsons von Jahr zu Jahr verbesserte, erwog die Regierung im Jahre 1865 gar, ihren Sitz in diese Stadt zu verlegen, bis dann doch Wellington den Zuschlag als Hauptstadt Neuseelands erhielt.

Nelson / **Sehenswürdigkeiten**

Im Mittelpunkt und Blickfang eines Spaziergangs durch die Stadt steht die *Christ Church Cathedral*. Umgeben von schönen Anlagen hat man von hier einen guten Blick auf das lebhafte Treiben in den Straßen. Nicht weit davon ist die *Bishop School*, ein interessantes Gebäude, dessen Anblick an Reiz gewinnt, wenn es von den zahlreichen Schülern in ihren Schuluniformen belagert wird. Lohnenswert sind auch Spaziergänge durch die wunderschönen Gärten der „sonnigen" Stadt: *Queen's Gardens* und *Botanical Gardens*. Hier kann man von einem Aussichtspunkt einen Großteil der Stadt überblicken. Nelson ist aber auch beliebter Ausgangspunkt für Tou-

Eine der beliebtesten Wanderrouten Neuseelands, der Routeburn Track

Nelson / **Museen und Galerien**

Im Isle Park befindet sich das *Nelson Provincial Museum*, das sehr schöne Fotographien und Werke über die frühe Maori-Geschichte sowie die Geschichte der Region Nelson allgemein zeigt. Geöffnet ist das Museum dienstags bis freitags von 10 bis 16 Uhr, am Wochenende von 14 bis 17 Uhr.

Einen großen Überblick über Werke einheimischer Künstler gibt die *Suter Art Gallery*, Bridge St., neben dem Eingang zu Queen's Gardens. Geöffnet von 10.30 bis 16 Uhr, Eintritt 1.50 NZ$. In der Galerie finden außerdem in unregelmäßigen Abständen Theater-, Tanz- oder Musikvorführungen statt.

Die *South St. Gallery*, in der Nähe der Kathedrale in der Nile St. West, ist ein guter Anlaufpunkt für all diejenigen, die sich für das Töpfern interessieren. Wer sich darüber hinaus noch über die zahlreichen anderen Töpfereien Nelsons informieren möchte, sollte sich den Führer der „Nelson Potters Association" besorgen.

Landschaftsimpressionen im Abendlicht

Nelson / **Praktische Informationen**

Ärztliche Versorgung: Nelson Hospital, Tipahi St., Tel. (054) 61-800 oder Dr. Elisabeth Bostock, 60 Waimea Rd., Tel. (054) 88-005.

Automobile Association: Das Büro befindet sich in der Halifax St.

Autovermietung: „Hardy Cars", 17 Shelbourne St. hat oft Billigangebote. Eine Alternative ist „Avis", 143 Trafalgar St.

Bademöglichkeiten: Fünf Kilometer außerhalb des Stadtzentrums liegt der sehr bekannte Tahuna-Strand mit besten Bademöglichkeiten.

Essen und Trinken: Ein sehr gutes Restaurant mit vielfältiger Auswahl ist das *Chez Eelco*, in der 296 Trafalgar St. Hier kann man nicht nur warme Mahlzeiten zu sich nehmen, sondern auch gemütlich bei Kaffee und Kuchen sitzen. Das *Colonial Restaurant*, 114 Bridge Rd. bietet gute mexikanische Gerichte und im *Hitching Post* gibt es gute Pizzas. Für die schnelle Mahlzeit gibt es auch in Nelson die Ketten *Pizza Hut* und *Kentucky Fried Chicken*. Zahlreiche Take away-Läden säumen die Straßen, Cafés und Pubs bieten kleine Gerichte an.

Unterhaltung: Es gibt zwei Diskotheken, die gut besucht sind: in Stoke im *Turf Hotel* und in Tahunanui im *Lodge Hotel*. Ab und zu bieten auch die Pubs im Stadtzentrum Live-Musik.

Unterkunft

Ein Hotel der gehobenen Klasse ist das *Quality Inn Nelson*, Trafalgar St., Tel. 82-299, Übernachtung im DZ/EZ für 124 NZ$. Preiswerter, aber ebenfalls sehr schön, ist das *Leisure Lodge Hotel*, 40 Waimea Rd., Tel. 82-089 mit Preisen ab DZ 66/EZ 60 NZ$. Das *Alpha Inn*, 25 Muritai St., Tel. 86-077 verlangt für DZ 56/EZ 28 NZ$. Zentrumsnah ist das *AA Motor Lodge*, Ajax Ave., Tel. 88-214, DZ/EZ 78 NS$. Gästehäuser, die alle Übernachtung mit Frühstück anbieten, gibt es wie Sand am Meer. Eine kleine Auswahl: Im *Tahuna Beach Holiday Park*, Beach Rd., Tel. 85-159 kosten DZ/EZ 33 NZ$. Das *Abbey Lodge*, 84 Grove St., Tel. 88-816 verlangt für DZ/EZ 51 NZ$ und *Palm Grove* in der 52 Cambria St., Tel. 84-645, DZ 54/EZ 27 NZ$. Das *Nelson Youth Hostel*, Tel. 88-817 findet man in der 42 Weka St., die Übernachtung kostet hier 11 NZ$. Empfehlenswert auch das *Pavlova Farm House*, Tel. 89-906, drei Kilometer vom Zentrum entfernt in der 328 Brook St. Zur Begrüßung bekommt der Besucher hier eine Riesenportion der neuseeländischen Süßspeise Pavlova, die Übernachtung kostet 12 NZ$.

An Campingplätzen fehlt es nicht rund um Nelson, der größte und wohl meistbesuchte ist der *Tahuna Beach Holiday Park*, Tel. 85-158 in Flughafennähe am Tahuna-Strand. Für einen Zeltplatz zahlt man hier pro Nase 6 NZ$, für ein Häuschen zwischen 20 und 32 NZ$. Sechs Kilometer außerhalb der Stadt findet man das *Maitai*

Reserve Motor Camp, Tel. 81-059, hier kostet der Zeltplatz 5 NZ$, ein Häuschen ab 13 NZ$. Andere Campingplätze liegen weiter außerhalb.

Verkehrsverbindungen: Weiterreise ist mit Flugzeug und Bus möglich.

Wichtige Adressen

Informationen erhält man im Public Relations Office, an der Ecke Halifax/Trafalgar St., wochentags von 8.30 bis 17 Uhr geöffnet.

Polizei: Nelson Central Police Station, St. John St., Tel. (054) 88-309.

Post: schräg gegenüber vom Informationsbüro.

New Plymouth

Von der Landwirtschaft geprägt ist New Plymouth, das als wirtschaftliches Zentrum des Taranaki Gebietes (→*Regionen*) gilt und an der Westküste der Nordinsel liegt. Dennoch geht es auch in dieser Stadt, die durch ihre vielfältige Vegetation in einem besonderen Licht erstrahlt, nicht hektisch zu.

New Plymouth / **Geschichte**

Bevor sich die ersten Weißen in dieser Region niederließen, bekämpften sich die Maori untereinander. Schon wenige Jahre nach ihrer Niederlassung 1841 wuchs der Unmut der Siedler, die die Landwirtschaft um New Plymouth gründlich ausbauen wollten und dazu allerdings noch mehr Land brauchten. Es kam zu blutigen Auseinandersetzungen, da die Maori nicht gewillt waren, zusätzlich Land abzutreten. 1860 brach ein wirklich schlimmer Krieg aus, der nach einem Jahr durch die Kapitulation der Maori beendet wurde. So konnte New Plymouth expandieren und zum wirtschaftlichen Zentrum der Region werden.

New Plymouth / **Sehenswürdigkeiten**

Ein Rundgang durch die Stadt offeriert dem Besucher den Anblick einiger sehenswerter historischer Gebäude und wunderschöner Parkanlagen. So findet man hier die 1846 erbaute *St. Mary's Church* in der Vivian St. oder *The Gables* im Brooklands Park Drive, ein 1848 erbautes Krankenhaus. Sehr schön anzusehen ist der durchsichtige Uhrenturm an der Ecke Queen/Devon St., dieser entstand allerdings erst 1985. Ein weiteres lohnenswertes Ziel ist der *Pukekura Park*, am Stadtrand gelegen, oder der *Brookland Park*. Eine reiche Vegetation, exotische Blumen und kleine Seen geben den Parks eine besondere Atmosphäre. Im Brookland Park kann man ein natürliches Amphitheater bewundern. Unweit des Stadtzentrums findet man außerdem den *Pukeiti Rhododendron Trust:* Auf 360 ha wächst eine Vielzahl von Pflanzen, vor allem natürlich Rhododendren. Darüber hinaus wurde der Park auch zum Vogelschutzgebiet erklärt.

New Plymouth / **Museen und Galerien**
Über Maori-Kultur und die frühe Zeit der Besiedlung dieser Region kann man sich im *Taranaki-Museum*, Ecke Brougham/King St. ausreichend informieren.
Die *Govett-Brewster Art Gallery*, Queen St. hat ausgezeichnete Exponate zu Neuseeland, aber auch zu anderen pazifischen Inseln und ferneren Ländern. Geöffnet von 10.30 bis 17 Uhr.
Unbedingt lohnenswert ist ein Besuch im *Art and Crafts Centre*, am Centennial Drive. Hier kann man nicht nur sehenswertes Kunsthandwerk bewundern, sondern auch den Maori bei ihrer Schnitzarbeit über die Schulter schauen. Geöffnet von 8 bis 16.30 Uhr.

New Plymouth / **Praktische Informationen**
Ärztliche Versorgung: Taranaki Base Hospital, David St., Tel. (067) 36-139 oder Dr. Ian Griffiths, 72 Vivian St., Tel. (067) 80-863.
Automobile Association: Powderham St.
Autovermietung: In der 25 Liardet St. findet man das Büro von „Avis".
Bademöglichkeiten: Sowohl zum Schwimmen und Ausspannen, als auch zum Surfen eignet sich der etwa vier Kilometer östlich der Stadt liegende Fitzroy-Strand.
Essen und Trinken: Im *Bellissimo*, 38 Currie St., kann man die italienische Küche zu annehmbaren Preisen genießen. Und eine große Auswahl bietet das Restaurant *Black Olive*, in der Egmont St. Chinesisch wird's hingegen im *Tong*, 39 Devon St. West. *Mc Donald's* und *Pizza Hut* servieren schnelle Küche, zahlreiche Pubs bieten ebenfalls kleine Imbisse an.
Unterhaltung: findet man in den meisten größeren Hotels.
Unterkunft
Sehr schönen Wohnkomfort bieten das *Tasman Hotel*, 140 St Aubyn St., Tel. 86-129, die Übernachtung kostet hier für DZ 39/EZ 25 NZ$, und das zentrumsnahe *Plymouth Sun Hotel*, Ecke Leach/Hobson St., Tel. 80-589, DZ 105/EZ 97 NZ$. Das Motel *Princes Tourist Court*, 29 Princes St., Tel. 82-566, verlangt für DZ/EZ 45 NZ$. Als Gästehaus empfiehlt sich das *Aotea Private Hotel*, 26 Weymouth St., Tel. 82-438, DZ 67/EZ 32.
Das *New Plymouth Youth Hostel* findet man in der 12 Clawton St., die Übernachtung kostet 11 NZ$.
Die Campingplätze in New Plymouth liegen etwas außerhalb, wie z.B. *Aaron Court Caravan Park*, Tel. 34-012. Der Zeltplatz kostet pro Person 5 NZ$, Häuschen zwischen 28 und 48 NZ$. In Fitzroy, fast vier Kilometer außerhalb, gibt es zwei Mög-

---

Der Kauribaum kann gewaltige Ausmaße annehmen ▶

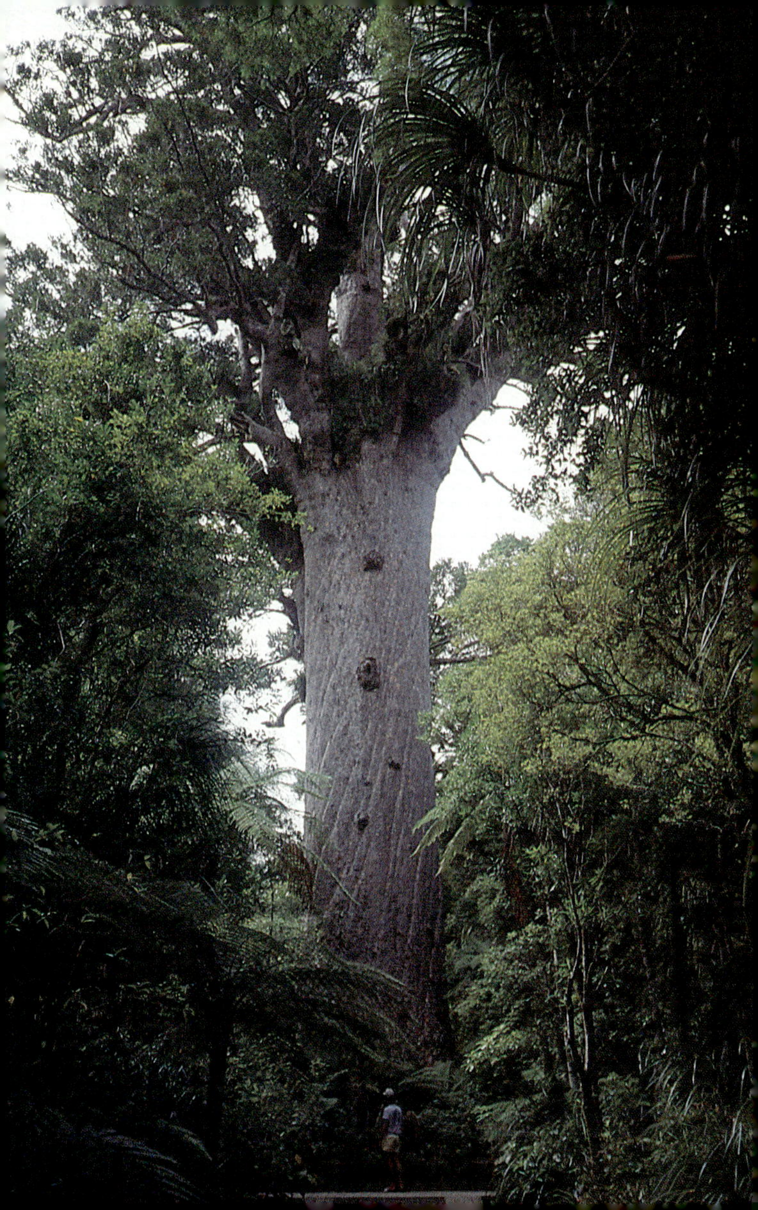

lichkeiten: den *Marantha Holiday Park*, 29 Princes St., Tel. 82-566, Zeltplatz für 6.50 NZ$ oder im Häuschen ab 32 NZ$, und das *Fitzroy Camp*, Beach St., Tel. 82-870 mit Zeltplätzen für 5.50 NZ$. Nur eineinhalb Kilometer außerhalb des Zentrums befindet sich das *Belt Rd. Camp*, Tel. 80-228, der Zeltplatz ebenfalls ab 5.50 NZ$ pro Person.
Verkehrsverbindungen: Durch Flugzeug und Bus ist Nelson mit anderen Städten verbunden.
Wichtige Adressen
Ausreichende Information, auch über das ganze Gebiet, erhält man im Public Relation Office in der Liardet St. Montags bis freitags von 8.30 bis 17 Uhr geöffnet.
Polizei: Central New Plymouth Station, Powederham St., Tel. (067) 75-449.
Post: Ecke Currie/Ariki St.

Ninety Mile Beach

Beim „Neunzig-Meilen-Strand", der im Northland *(→Regionen)* liegt, wurde bei der Namensgebung ein wenig geflunkert. Eigentlich handelt es sich um einen 103 km, also 64 Meilen langen Strand, der aber von so umwerfender Schönheit ist, daß die kleine "Übertreibung" wohl gerechtfertigt erscheint. Vom obersten Teil der Nordinsel, dem Cape Reinga reicht der Strand bis zur kleinen Ansiedlung Ahipara.
Cape Reinga kommt in den Legenden der Maori eine besondere Bedeutung zu: Von dieser Stelle aus, so wird erzählt, treten die Seelen der Toten, nachdem sie über Land gekommen sind, den Weg in die Heimat ihrer Ahnen, nach Hawaiki, an. Für den Touristen ist dieser Punkt wohl aber auch darum faszinierend, weil es hier riesengroße Wanderdünen zu sehen gibt. Die Straße nach Cape Reinga verläuft im Binnenland, man hat aber auch die Möglichkeit auf Nebenstraßen bis an die Sanddünen heranzukommen.
Die Schönheit und die Endlosigkeit der Ninety Mile Beach ist überwältigend: Unmengen feinsten Sandes, der unendliche Blick in das Spiel der Wellen und des Meeres, die Kormorane, die man beobachten kann. Täglich fahren Busunternehmen den Strand ab, man kann entweder von Ahipara, aber auch von Kaitaia (Informationen und Buchungen dort im Information Centre) oder von der Bay of Islands starten. Die Tagestour kostet zwischen 28 und 38 NZ$.
Wer sich am Ninety Mile Beach einen Badeurlaub gönnen möchte, braucht allerdings ein Zelt und muß sich gut mit Vorräten eindecken. So kann man auf eigene Faust und nach eigenem Zeitplan den Strand mit seinen unzähligen Buchten entdecken. Autovermieter sehen es allerdings nicht **besonders** gern, wenn die Mietwagen die Strecke bis zum Cape Reinga hochgejagt werden, denn sehr gut ist dieser Weg nicht zu befahren.

Notfall
Anders als bei uns erreicht man sowohl Polizei als auch Feuerwehr und Ambulanz unter einer Rufnummer: 111. Schnelle Hilfe ist bei allen Notfällen gewährleistet. Die Notrufnummern örtlicher Einrichtungen entnimmt man der ersten Seite des Telefonbuches.

Öffentliche Verkehrsmittel →*Reisen im Land*

Ohakune
Ohakune ist ein kleines, verschlafenes Städtchen, das Ausgangspunkt für viele Trips in den Tongariro National Park *(→Nationalparks)* ist. Und in der Winterzeit erwacht Ohakune aus seinem Schlaf: Nun wird der Ort von Wintersportlern bevölkert, reges Leben herrscht in allen Straßen.

Ohakune / **Praktische Informationen**
Essen und Trinken: Im Ohakune Hotel in der Clyde St. findet man das *Griddlestone Restaurant*, das gute Speisen anbietet. In derselben Straße gibt es noch das *Café Stua*, das *Swiss Grischuna Restaurant* und das *Lovin' Spoonful Restaurant*. Ein recht preiswertes und gutes Restaurant ist das *Parklands* in der Burns St.

Unterkunft
Es gibt jede Menge Motels und andere Arten von Unterkünften in Ohakune, die im Winter allerdings sehr schnell belegt und auch etwas teurer als zur Sommerzeit sind. Zwei seien hier genannt: in der Miro St. das *Alpine Motel*, Tel. 58-758 für DZ/EZ 57 NZ$, und die *Hobbit Motel Lodge*, Ecke Goldfinch/Wye St., Tel. 58-248 kostet ab 70 NZ$ für DZ, 60 für EZ.
Für 11 NZ$ kann man im *Ohakune Youth Hostel*, Clyde St., Tel. 58-724 übernachten. Campingfreunde zahlen im *Ohakune Borough Camp*, Moore St., Tel. 58-561, 6 NZ$ pro Person.

Wichtige Adressen
Das Information Centre, das auch ausgezeichnet über den Tongariro National Park informiert, ist in der Moore St.
Post: Ecke Clyde/Rata St.

Opononi
Das winzige Dörfchen Opononi im Northland *(→Regionen)* hat für den Durchreisenden keine Bedeutung, soll aber dennoch erwähnt werden, da es von hier eine nette, wenn letztendlich auch traurige Begebenheit zu erzählen gibt:

Im Sommer des Jahres 1955 kam bei Opononi ein Delphin an den Strand, der immer wiederkehrte und sehr bald Freundschaft mit den Menschen, vor allem aber mit den Kindern schloß. Sie konnten mit ihm schwimmen und spielen. Der Delphin, Opo genannt, gehörte für die Menschen Opononis zum täglichen Leben, bis er, einen Tag bevor ein Gesetz zu seinem Schutz in Kraft treten sollte, getötet wurde. Von wem blieb bis heute unbekannt. Dafür wurde er mit einer Skulptur auf seinem Grab bis heute in der Erinnerung der Menschen lebendig gehalten.

Opua

Verschlafen und verträumt an einer der Buchten der Bay of Islands (→dort) gelegen, ist die kleine Ansiedlung Opua eigentlich nur für Segelfreunde von besonderer Bedeutung. Nachdem sich Opua etwa 1874 zu einem wichtigen Exporthafen etabliert hat, liegen heute im Hafen noch alle Arten von Segelbooten, entweder private Jachten oder solche, die den Touristen einen Turn durch die Bay of Islands bieten. Von Opua aus startet im Abstand von 15 Minuten die Fähre nach Russell (→dort), der ersten „Hauptstadt" Neuseelands.

Schloß Freundschaft mit den Menschen: der Delphin Opo, dem in Oponoi ein Denkmal gesetzt wurde

Wer vom Wandern nicht genug hat, entdeckt sicher im Opua Forest einige wunderschöne Plätzchen, die für Tramper auch zum Zelten geeignet sind. Man kann hier stundenlang wandern, den in vielen Grüntönen schimmernden Wald genießen und dabei immer wieder einen Blick aufs Meer werfen.

Orakei Korako

Zwischen den Hauptstraßen von Hamilton (→dort) und Rotorua (→dort) befindet sich eines der besten Thermalgebiete Neuseelands, Orakei Korako, das dem Besucherstrom zwar schon sehr ausgesetzt ist, sich aber doch noch viel Natürlichkeit bewahrt hat. Jenseits des Lake Ohakuri, den man entweder mit einem kleinen Boot, oder — die sportlichere Variante — selbst in einem Kajak überquert, sind die Thermalquellen, besonders bekannt durch ihre Sinterterrassen (Sinter ist eine mineralische Ausscheidung aus fließendem Wasser). Eine immense Farbvielfalt ist hier zu bewundern, Algen, die in heißen Tümpeln wachsen, unzählige Schatten-, Farb- und

Eines der reizvollsten Thermalgebiete Neuseelands — kochende Erde in Orakei Korako

Wasserspiele. Faszinierend ist die rund 40 m lange Sinterterrasse *Great Golden Fleece.* Der Rundgang durch dieses Gebiet der kochenden Erde ist sehr schön angelegt, die Informationen, die man anhand einer Broschüre, bekommt, ist vielfältig, Eintritt inkl. Bootsfahrt und Broschüre 6 NZ$. So erfährt man hierdurch z.B. auch, daß sich in dem kleinen, jadegrün schimmernden See, der sich in *Aladin's Cave,* einer hübschen Höhle, befindet, einstmals Maori-Schönheiten bewundert haben. Das warme Wasser macht Silberschmuck wieder wunderschön glänzend.

Paihia

In diesem kleinen, für die Bay of Islands (→dort) wohl bedeutendsten Städtchen gibt es selbst nicht viel zu bewundern. Herausragend ist die Vielzahl der schönen Unterkünfte und der Fischrestaurants. Weitaus wichtiger für den Reisenden hingegen ist, daß von Paihia aus schöne Ausflugsfahrten und Segelturns in die Bay of Islands gestartet werden. Auch ist die Ortschaft, die im Jahre 1823 als europäische Missionsstation gegründet wurde, sehr beliebt, um von hier aus zum Baden, Surfen, Angeln und Segeln aufzubrechen.

Wer der Bay of Islands nur eine Kurzvisite abstatten möchte, sollte den „Cream Trip" der Fuller-Agentur nicht versäumen. Einstmals waren die Boote des Cream Trips unterwegs, um die Milchprodukte der verstreuten Farmen in der Bay of Islands einzusammeln und die Höfe mit Post und anderen Dingen des täglichen Bedarfs zu versorgen. Nachdem dies nicht mehr nötig war — die meisten Inseln sind heute unbewohnt entwickelten sich diese Bootstouren immer mehr zur touristischen Attraktion. Der Cream Trip startet täglich um 10 Uhr, dauert rund fünf Stunden und kostet 38 NZ$. Auch andere Bootsfahrten können in Paihia gebucht werden.

Paihia / **Praktische Informationen**
Ärztliche Versorgung: Dr. H. Tangoroa, Williams Rd., Tel. (09) 4-027-132.
Wichtige Adressen
Polizei: Paihia Community Constable, Tel. (09) 4-027-130.

Palmerston North

Eine schön angelegte Stadt mit vielen Grünanlagen und guten Einkaufsmöglichkeiten ist die Universitätsstadt Palmerston North, die von Farmland umgeben ist. Die Universität, einige Institutionen, die auf dem Gebiet der Agrarforschung führend sind, das Manawatu Museum, die Manawatu Art Gallery und das Rugby Museum, das gänzlich dem neuseeländischen Nationalsport gewidmet ist, sind in Palmerston North sehenswert.

Palmerston North / **Praktische Informationen**

Ärztliche Versorgung: Palmerston North Hospital, 50 Ruahine St., Tel. (063) 69-169 oder Albert St. Medical Centre, 171 Albert St., Tel. (063) 69-061.

Autovermietung: „Avis" in der 28 Grey St.

Essen und Trinken: Herausragend ist hier eigentlich nur das *Déjeuner Café*, 159 Broadway Ave., das eine große Auswahl an vegetarischen Gerichten bietet. Ansonsten genügend Pubs und Take away-Läden.

Unterkunft

Etwas vornehmer ist das *Coachman Hotel* in der 134 Fitzherbert Ave., Tel.65-065, Übernachtung für DZ/EZ 124 NZ$. Das *Awapuni Hotel*, Pioneer Highway, Tel. 85-181 bietet Übernachtungen ab DZ 63/EZ 59 NZ$ und das *McKenzie Lodge*, 101 Milson Line, Tel. 65-090, DZ 79/EZ 68 NZ$. Billiger ist die Übernachtung im Gästehaus *Chaytor House Travel Hotel*, 18 Chaytor St., Tel. 86-879, DZ 66/EZ 38 NZ$. Der Campingplatz *Municipal Camp*, Dittmer Dr., Tel. 80-349 kostet 7 NZ$ pro Person.

Wichtige Adressen

Auskünfte werden im Public Relations Office, The Square montags bis freitags von 8.30 bis 16.30 Uhr und samstags von 9.30 bis 13 Uhr erteilt.

Polizei: Central Police Station, Church St., Tel. (063) 70-859.

Pancake Rocks

Die Pancake Rocks sollte man sich auf keinen Fall entgehen lassen. Sie liegen rund 40 km von Greymouth entfernt in Punakaiki. Diese einzigartige Gesteinsformation sieht in der Tat aus wie aufeinandergeschichtete Pfannkuchen. Die ständige Erosion und die schlagenden Wellen der Tasman See (→*Geographie*) haben diese Formation geschaffen, die inmitten einer herrlichen Küstenlandschaft ein phantastisches Bild abgibt. Bei Flut kann man miterleben, wie sich das Meerwasser in die *Blow Holes* drängt und fontänenartig emporgedrückt wird. Eigentlich ist es nur ein kleiner Spaziergang auf den angelegten Wegen der Pancake Rocks, doch der Anblick hier ist so überwältigend, daß man gerne lange verweilt, um diese Kuriosität der Natur zu bewundern. Wer sich an den Pancake Rocks noch nicht sattgesehen hat, kann sich im dortigen Café — allerdings nicht allzu billig — mit Pfannkuchen satt essen.

Pensionen →*Unterkunft*

Die Pancake Rocks wirken tatsächlich wie aufgeschichtete Pfannkuchen

Pflanzen

„Native bush" ist der Oberbegriff für die Art von Flora, die in Neuseeland besonders fasziniert. Vom subtropischen Regenwald bis hin zum arktischen Bergwald reicht die Palette, die zahlreiche Arten an Bäumen und Pflanzen umfaßt. Etwa 80 % der höheren Pflanzen kommen nur in Neuseeland vor, einige Verwandte dieser besonderen, auf der Welt einmaligen Arten gibt es allerdings auch in Australien, Südamerika oder Afrika. Besonders hervorzuheben sind die Mammutbäume wie z.B. die doch sehr unterschiedlichen Arten Kauri (→*Waipoua Kauri Forest*) und Rata. Fast noch beeindruckender ist jedoch die Vielzahl der unterschiedlichsten Farne. Um einen weiteren besonderen Baum zu nennen, sei hier auch der Christmas-Tree — die Maori nennen ihn Pohutukawa — erwähnt. Der Anblick dieses wohlgeformten Baumes mit seinen roten, großen Blüten ist imposant. Ebenso finden sich in Aotearoa (→dort) aber auch südländisch anmutende Palmen oder mitteleuropäische Obstbäume.

Picton

Die zweite Stadt in den Marlborough Sounds (→dort), direkt am Queen Charlotte Sound gelegen, ist Picton. Eine kleine, aber doch recht geschäftige Stadt, die von zahlreichen Neuseelandreisenden besucht wird. Schließlich legt hier täglich mehrmals die Fähre an und ab, die die beiden Hauptinseln Aotearoas (→dort) miteinander verbindet. Ansonsten hat Picton nur den typischen neuseeländischen Lebensstil zu bieten: Viele Take away-Läden, eine Menge alter, interessanter Autos, farbenfroh gestrichene Wohnhäuser, kleinere Rugby-Plätze.

Picton / Sehenswürdigkeiten

Wer Picton nicht gleich wieder verläßt, sollte einen Blick in das *Picton Museum* am London Quay werfen. Auf engem Raum kann man sich hier über die Geschichte des Walfangs informieren. Außerdem gibt es noch zahlreiche andere Exponate, die von überall her zusammengetragen zu sein scheinen. Geöffnet ist das Museum täglich von 10 bis 16 Uhr, der Eintritt beträgt 1 NZ$.
Zwischen dem Museum und der Anlegestelle der Fähre sieht man ein riesiges, brachliegendes Schiff, die „Edwin Fox". Im Jahre 1897 war es in Picton gestrandet, und man versucht seit geraumer Zeit, das Schiff wieder zu restaurieren und es für Besichtigungen zugänglich zu machen.

Picton / Praktische Informationen

Ärztliche Versorgung: Broadway Medical Centre, 21 Broadway, Tel. (057) 36-405.
Autovermietung: Die Büros von „Avis" findet man am Picton Ferry Terminal und in der 101 High St.
Essen und Trinken: Das wohl teuerste Restaurant am Platze ist das *5th Bank* in der Wellington St. Ansonsten ißt man recht gut in einem der Pubs am London Quay. Hier hat man die Auswahl zwischen dem *Oxley Hotel*, dem *Federal Hotel* und dem *Terminus Hotel*. Gute Kleinigkeiten bietet *Sandwich Maker* in der High St., Fast Food wird überall reichlich angeboten.
Unterkunft
Im Zentrum befindet sich das *DB Terminus Hotel*, High St., Tel. 36-452, DZ 57/EZ 36 NZ$. Ebenfalls zentral liegt *The Picton Whalers Inn* in der Waikawa Rd., Tel. 37-002, DZ 87/EZ 71 NZ$. Gute Übernachtungsmöglichkeiten bieten das *Bell Bird Motel*, Tel. 36-912, etwa einen Kilometer vom Zentrum entfernt in der 96 Waikawa Rd., Übernachtung im DZ/EZ 37 NZ$ und das ebenfalls in der Waikawa Rd. liegende *Admiral's Lodge*, Tel. 36-590, Übernachtung im DZ 72/EZ 45 NZ$.
Campingplätze gibt es zur Genüge in und um Picton. Der zentrumsnaheste ist *Blue Anchor Holiday Park*, Waikawa Bay Rd., Tel. 37-212, der Zeltplatz kostet hier 8 NZ$

pro Person. Als nächstes bietet sich *Alexander's Motor Park*, Canterbury St., Tel. 36-378, für 6 NZ$ an. Drei Kilometer außerhalb liegt *Parklands Marina Holiday Village*, Beach Rd., Tel. 36-343, Zeltplatz ab 7.50 NZ$. Billiger wird's etwa 13 Kilometer außerhalb von Picton am Queen Charlotte Drive, im *Momorangi Bay Motor Camp*, Tel. 37-865, hier kostet der Zeltplatz 5 NZ$.

Verkehrsverbindungen: Außer mit der Fähre, die zur Nordinsel übersetzt, ist ein Weiterkommen auf der Südinsel selbst von Picton aus kein Problem. Direkt an der Fähranlegestelle ist der Busbahnhof, von dem aus man mit verschiedenen Linien nach Blenheim, Nelson oder Christchurch aufbrechen kann. Mit der Bahn hat man die Möglichkeit, täglich nach Christchurch zu gelangen.

Wichtige Adressen

Informationen, nicht nur über die Stadt sondern den gesamten Marlborough Sounds, bekommt man im „Picton Information Centre", auf dem Parkplatz zwischen Fähranlegestelle und London Quay. An Wochentagen von 9.30 bis 16 Uhr, am Wochenende von 10 bis 15 Uhr geöffnet.

Polizei: Police Station, 26 Broadway, Tel. (057) 36-439.

Post: an der Hafenseite in der Wellington St.

Politik

Neuseeland ist eine unabhängige parlamentarische Monarchie im Commonwealth. Deshalb ist das Staatsoberhaupt die britische Königin. Sie wird durch einen Generalgouverneur vertreten, der alle fünf Jahre gewählt wird. Das „House of Representatives" ist die neuseeländische Kammer, zu deren derzeit 95 Mitgliedern seit 1867 auch Maori zählen. Einen besonderen Meilenstein in der Politik setzte Aotearoa 1893, als es als erstes Land der Welt das Frauenwahlrecht einführte. Ab 18 Jahren ist man wahlberechtigt, die Parlamentswahlen finden im dreijährigen Turnus statt. Derzeit führend ist die Labour Party, der Kontrahent im Parlament ist die National Party (die konservative Partei).

Polizei →*Notfall*

Post

Postämter gibt es in allen größeren Städten. In Dörfern und weniger dichtbesiedelten Gebieten sind die „Zweigstellen" oft in den „Dairies", den kleinen Gemischtwarenläden, untergebracht.

Öffnungszeiten sind normalerweise montags bis donnerstags von 8.30 bis 17 Uhr, freitags von 8.30 bis 20 Uhr. Auch Telefongespräche kann man auf den Postämtern vermitteln lassen (→Telefonieren).

Unter dem Begriff „general delivery" kann man sich postlagernd Briefe und Pakete zu kleinen und großen Postämtern senden lassen. Adressenangabe: Name, c/o Central Post Office, Ort (ohne Postleitzahl!), New Zealand. Dort werden sie dann einen Monat lang aufbewahrt, um dann normalerweise an den Absender zurückzugehen. Oder man stellt einen „Nachsendeantrag". Dazu muß man allerdings genau wissen, wann man in einer nächstgrößeren Stadt sein wird. Die Post sendet die Briefe dann — wie beim „general delivery" — dorthin.

Post von Neuseeland nach Europa braucht in der Regel sieben bis zehn Tage, Postkarten und Briefe per Luftpost kosten (bis zehn Gramm) 1,30 NZ$, Aerogramme (Luftpostleichtbriefe) kosten 85 Cent.

Vom Postsparbuch kann man in Neuseeland kein Geld abheben, da kein Abkommen besteht.

Queenstown

Wer sich in touristischen Rummel stürzen möchte, ist in der geschäftigen Stadt Queenstown recht am Platze. Die Stadt bietet neben einem aktiven Nachtleben weitere interessante Möglichkeiten, sich den Aufenthalt abwechslungsreich zu gestalten. Das Umland hat einige schöne Ausflugsziele zu bieten. Schon allein die Landschaft, in die Queenstown eingebettet ist, ist sehenswert. Außerdem bieten sich viele gute Sportmöglichkeiten, wie z.B. Gleitschirmfliegen, Wasserski, Jetboot-Fahren, Reiten, Golf und Wandern an.

Queenstown / **Geschichte**

Obwohl feststeht, daß das Gebiet um Queenstown schon sehr früh von den Maori besiedelt war, trafen die ersten europäischen Einwanderer im Jahre 1855 kaum noch Ureinwohner an. Damals ließen sich in erster Linie Schaffarmer nieder, die sich weitflächig die Region zu eigen machten. Doch schon sieben Jahre später wurde der geruhsame Farmeralltag gestört: Gold wurde am Shotover River entdeckt, und Queenstown expandierte in sehr kurzer Zeit zu einer Goldgräberstadt, mit all den Vor- und Nachteilen, die die einfallenden Menschenmassen mit sich brachten. Als die Goldvorkommen erschöpft waren, zogen sich die Menschen rasch aus dieser Region zurück und übrig blieben die Schaffarmer.

Queenstwown / **Sehenswürdigkeiten**

Queenstown ist für den Fußgänger und „Stadtbummler" sehr übersichtlich. Die Fußgängerzone „Mall" ist voll von Souvenirläden und Schmuckgeschäften, Cafés und Eisdielen. Wer sich einen Blick über das gesamte Stadtbild und die wunderschöne Umgebung mit den *Remarkables*, einer wunderschönen Gebirgskette, machen will, fährt als erstes am besten mit der steilen *Gondula* zu Bob's Peak, 400 m über der Stadt gelegen. Freilich kann man das dortige Aussichtscafé und -restaurant auch zu Fuß erreichen; ein schöner, nicht allzu beschwerlicher Weg führt durch Wald und Flur hinauf. Auch vom Aussichtscafé kann man sich noch höher hinauf begeben, um etwas abseits vom Rummel die Natur zu genießen.

Ausflüge in Queenstown selbst beinhalten z.B. einen Besuch im *Kiwi & Birdlife Park*, der direkt neben der Gondelstation liegt. Hier kann man wieder einmal versuchen, den Kiwi in seinem Nachthaus zu entdecken, aber auch zahlreiche andere Vogelarten, darunter auch der neuseelandtypische Kea, sind hier zu sehen. Geöffnet ist der Park täglich von 9 bis 17 Uhr, der Eintritt beträgt 4.50 NZ$.

Für 3.50 NZ$ kann man der Wasserwelt des Lake Wakatipu dank der *Waterworld* nahetreten. Täglich von 9 bis 17.30 Uhr geöffnet.

In Queenstown sollte der Interessierte es auch nicht versäumen, eine Schaffarm zu besichtigen. Am besten ist es, einen solchen Ausflug mit einer Dampferrundfahrt auf dem Lake Wakatipu zu verbinden, die auf dem Schiff „Earnslaw" angeboten wird. Für 28 NZ$ wird man zur *Mt. Nicholas Sheep Station* transportiert und kann sich vor Ort kundig machen. Aber auch kürzere Touren ohne Besichtigung werden auf der „Earnslaw" angeboten.

Empfehlenswert ist auch die Bustour durch den *Skippers Canyon* (40 NZ$). Wer sich dagegen eine besondere Attraktion lieber auf dem Wasserweg erschließen möchte, sollte einer neuseeländischen Leidenschaft, dem Jetboot- oder Raft-Trip, frönen. Beliebt sind die Fahrten auf dem Shotover River, und während es mit dem Jetboot in irrem Tempo die Flüsse und Stromschnellen hinaufgeht, bedeutet River-Rafting eine Fahrt im Schlauchboot stromabwärts. Da sich in Queenstown eine ganze Reihe von Veranstaltern Konkurrenz machen, lohnt sich ein Preisvergleich vor Ort. Die Preisspanne, je nach Länge und Art des Trips, liegt zwischen 25 und 120 NZ$.

Eine Kuriosität besonderer Art wird 23 Kilometer außerhalb von Queenstown angeboten: *Bungy Jump*. Von der *Historical Bridge* bei Kawarau kann man sich kopfüber an einem Seil befestigt in die Fluten stürzen. Je nach Wunsch wird berechnet, ob man ins kühle Naß eintaucht und wenn ja wie weit. Verrückt? In der Tat, aber bei Touristen und Neuseeländern höchst beliebt. Im Preis von etwa 80 NZ$ sind eine Urkunde und ein T-Shirt mit einem Bungy-Jumper inbegriffen.

Wunderschöner weiter Blick auf Queenstown und die Remarkables ▶

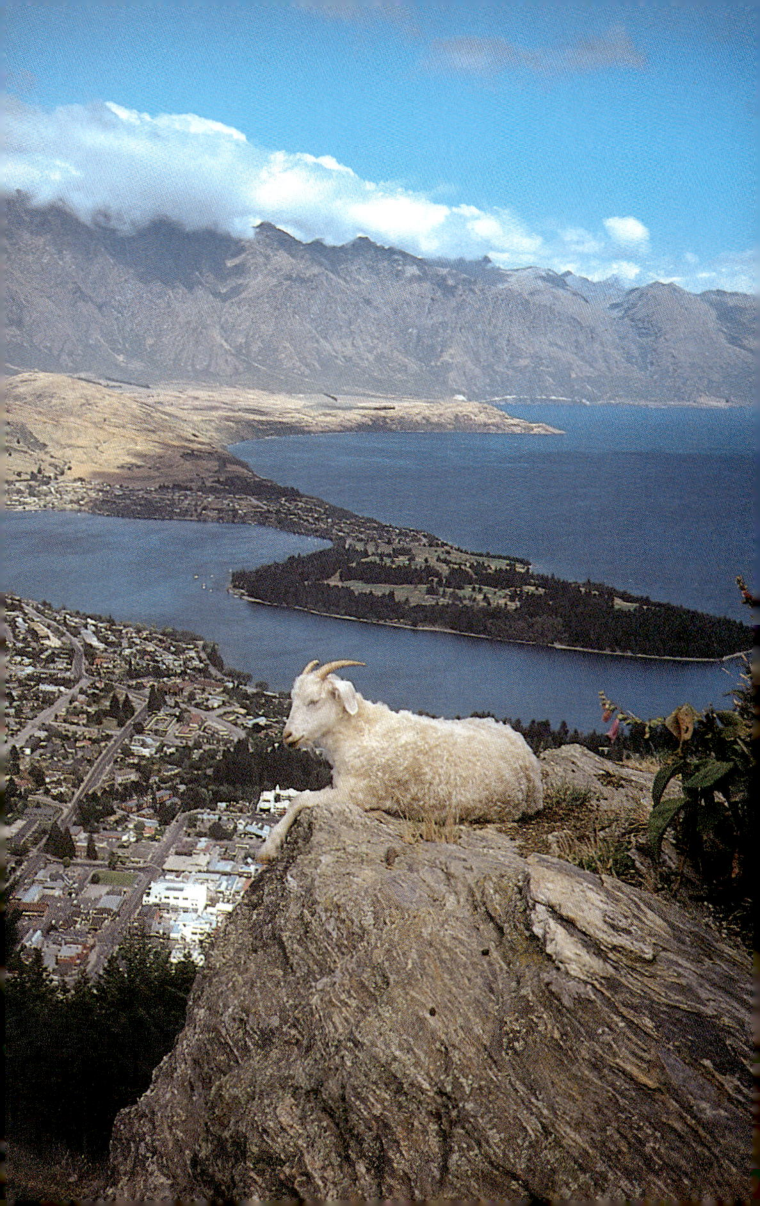

Ein weiteres Ausflugsziel ist *Arrowtown* (→dort), die schön angelegte Goldgräberstadt.

Queenstown / **Museen und Galerien**
Etwas für Autoliebhaber: das *Motor Museum* an der Bodenstation der Skyline Gondola hat jede Menge Oldtimer und andere Automobile ausgestellt und ist täglich von 9 bis 17.30 Uhr geöffnet, der Eintritt beträgt 4 NZ$.

Queenstown / **Praktische Informationen**
Ärztliche Versorgung: Lakes District Hospital, Douglas St., Tel. (03) 4-423-053 oder Queenstown Medical Centre, 5 Shotover St., Tel. (03) 4-427-302.

Essen und Trinken: Außer dem Skiline Restaurant auf Bob's Peak empfiehlt sich in der Shotover St. entweder das *Upstairs Downstairs* oder das *Roaring Megs*, beides Restaurants mit einer reichen Auswahl. Mit Preisen um 30 NZ$ muß man auch im Restaurant *Westy's*, Queenstown Mall rechnen. Preiswerter und mexikanisch ißt man im *Saguaro*, ebenfalls in der Queenstown Mall. Und in netter Atmosphäre gibt es im *The Cow*, Cow Lane ausgezeichnete italienische Küche. Zahlreiche Cafés, Pubs und Snack-Anbieter gibt es sowohl in der Mall als auch in der Shotover St. Zu finden sind auch *California Fried Chicken* und *Pizza Hut*.

Unterhaltung: In vielen Pubs in der Queenstown Mall stehen abends Live-Musik oder andere Shows auf dem Programm. Gut besucht ist auf jeden Fall *Eichhard's*, The Mall, Richtung See; Musik jeglicher Stilrichtung und eine Diskothek. In der Shotover St. gibt's den *Harlequin Nightclub* und auch im *O'Connell's Hotel* in der Beach St. ist meist etwas geboten.

Unterkunft

Das Angebot ist sehr groß, denn Queenstown ist nun mal das ganze Jahr über die Touristenstadt schlechthin. Um nur einige Unterkünfte zu nennen: *Holiday Inn Queenstown*, Queenstown St., DZ 168/EZ 163 NZ$, *Pacific Park*, Frankton Rd., Tel. 4-423-540, DZ/EZ 72 NZ$, *Contiki Lodge*, Sainsbury Rd., Tel. 4-427-107, DZ 50/EZ 28 NZ$.

Ein Beispiel für die zahlreichen Gästehäuser ist das *Goldfields Guest House*, 41 Frankton Rd., Tel. 4-427-211, bietet Übernachtung und Frühstück für DZ 72/EZ 51 NZ$. Im *Queenstown House*, 69 Hallenstein St., Tel. 4-429-043, verlangt man für DZ62/EZ 42 NZ$.

Das *Queenstown Youth Hostel*, 80 Lake Esplanade, Tel. 28-413, kostet pro Nacht 14 NZ$.

Der nächste Campingplatz ist der *Queenstown Motor Park*, Tel. 27-254, Zeltplatz ab 6.50 NZ$, Häuschen ab 20 NZ$ pro Person. Weitere Möglichkeiten sind das *Moun-

tain View Lodge Holiday Camp, Frankton Rd., Tel. 28-246, 5 NZ$ pro Person, sechs Kilometer außerhalb das *Frankton Motor Camp, Tel. 27-247, Zeltplatz ab 7 NZ$*.

Verkehrsverbindungen: Mit Flugzeug oder Bus kommt man von Queenstown aus zu allen größeren Städten. Wichtig ist auch der „Magic Bus", der den Reisenden von Queenstown zu den verschiedenen Wandertouren, z.B. des Routeburn Tracks (→*Nationalparks: Mt. Aspiring National Park*) bringt.

Wichtige Adressen

Das NZTP-Büro findet man in der 49 Shotover St., täglich von 8.30 bis 17 Uhr geöffnet. Weitere Informationen über das ganze Gebiet gibt es im „Lands & Surveys Information Centre", Ecke Ballarat/Stanley St. Montags bis freitags von 8 bis 17 Uhr geöffnet, zur Hochsaison täglich.

Polizei: Police Station, 11 Camp St., Tel. (03) 4-427-900.

Post: Ecke Queenstown Mall/Camp St.

Regionen

Unter diesem Schlagwort soll eine Übersicht über die verschiedenen Regionen gegeben werden, in die Neuseeland einstmals aufgeteilt war. Zwar ist die regionale Untergliederung schon seit langem nicht mehr von politischer Bedeutung, intern haben sich aber die „geheimen Grenzen" erhalten und ermöglichen dazu noch dem Reisenden eine bessere Orientierung.

Regionen / **Nordinsel**

Northland

Als Zentrum gilt die Stadt Whangarei (→*dort*), als besondere Attraktionen die Bay of Islands (→*dort*) und der Ninety Mile Beach (→*dort*). So ist die Landschaft des Northlands zum einen aus durch abwechslungsreiche Küstenstriche geprägt. Wildes, rauhes Klima am nördlichsten Punkt, an dem der Pazifische Ozean auf die Tasman See prallt, steht im Gegensatz zu der beschaulichen Ruhe in den unzähligen Buchten entlang der verschiedenen Küstenabschnitte. Endlose Sandstrände und ein mildes Klima locken hier die Besucher an.

Die andere Seite des Northlands ist vom großen Kaurivorkommen bestimmt (→*Waipua Kauri Forest*). Dort findet man die letzten weiten Wälder dieser Baumart, kann beeindruckende Wanderungen im Schatten der uralten Bäume unternehmen und wird doch daran erinnert, daß vor rund 200 Jahren das gesamte Northland, das sehr viele wichtige historische Plätze aufzuweisen hat, mit Kauribäumen übersät war. Doch das wertvolle Holz lockte die Gewinnsucht der Weißen, die im letzten Jahrhundert fast alles kahlschlugen. Diese Flächen regenerieren sich inzwischen zu gehaltvollem Weideland. Das größte Kaurivorkommen findet man heute noch im Waipua Kauri Forest (→dort).

Central Auckland
Diese Region gewinnt vor allem durch die Stadt Auckland (→dort) selbst an Bedeutung. Der größte Hafen Neuseelands forciert die wirtschaftliche Wichtigkeit der Stadt und somit der Region. Da Auckland bekannt ist für den hohen Bevölkerungsanteil an Polynesiern, ergibt sich daraus auch das besondere Flair und die südländische „Färbung" dieser heimlichen Hauptstadt. Die vorgelagerten Inseln sind nicht nur für den Besucher von besonderem Interesse, auch die Neuseeländer nehmen gerne ihre Sport- und Freizeitmöglichkeiten in Anspruch.

South Auckland
Ist nicht nur die größte Region der Nordinsel, sondern auch die bunteste. Die wichtigste Stadt ist Hamilton (→dort). Zu den Hauptattraktionen von South Auckland zählen die Bay of Plenty, die Coromandel Peninsula, das Gebiet um Rotorua und der Urewera National Park (→jeweils dort). Wilde Küsten, sanfte Strände, aktive Thermalgebiete und unberührte Natur fließen nahtlos ineinander über und zeigen ein kleines Spektrum der Naturvielfalt Aotearoas (→dort).

East Coast
Die landschaftliche Abwechslung dieser Region, deren wichtigste Stadt Gisborne (→dort) ist, ist nicht besonders groß. Wichtig wird die Region durch den Obstanbau, aber auch der Fischerei kommt eine besondere Bedeutung zu. Für touristische Aktivitäten relativ unerschlossen.

Hawke's Bay
Im Herzen dieser Region liegt die Stadt Napier (→dort). Bei der Hawke's Bay handelt es sich um das größte Wein- und Obstanbaugebiet Neuseelands, doch Plätze von besonderer Bedeutung gibt es nicht. Allerdings gehört zu dieser Region auch die Mahia Peninsula, die an der Straße von Gisborne nach Napier (→jeweils dort) liegt und sich durch ihre schönen Badebuchten und die guten Möglichkeiten zum Tauchen und Fischen auszeichnet.

Wellington
Der Tongariro National Park (→Nationalparks: Tongariro National Park) als Naturschauspiel und die neuseeländische Hauptstadt Wellington (→dort) als urbaner Kontrapunkt prägen diese Region. So kann man auf engem Raum faszinierende Natur und typisches Großstadtflair erleben.

Eigenwillige Konstruktion: das Parlamentsgebäude, The Beehive, in Wellington

Taranaki

Landschaftlich dominiert von weitem Weideland, erhielt die Region ihren Namen vom Mt. Taranaki, heute meist Mt. Egmont (→*Nationalparks*) genannt. Die wichtigste Stadt hier ist New Plymouth (→dort). Bei Taranaki handelt es sich um das neuseeländische Energiezentrum, denn es befinden sich sowohl an Land als auch vor der Küste ausgedehnte Erdgasfelder.

Regionen / **Südinsel**

Marlborough

Gehen wir die Regionen der Südinsel im Uhrzeigersinn ab und beginnen im Nordosten mit der Region Marlborough. Wichtigster Ort dort ist Blenheim (→dort), doch am bekanntesten ist die Region durch die *Marlborough Sounds* mit ihren herrlichen Badestränden, Buchten und Halbinseln (→dort). Von großer Bedeutung sind dort Fischerei und Weinbau.

Canterbury

Christchurch ist die „Hauptstadt" dieser Region, die von kilometerweitem Farmland geprägt ist. Scharfe, wohin man sieht, und viele Plätze, die einen an England erinnern. Den Kontrast dazu bildet das Alpenland, das auch zum Bild der Canterbury-Region gehört. So erlebt man auf relativ kurzen Streckenabschnitten sehr unterschiedliche Landschaftsformen, einmal mehr wird der abwechslungsreiche Eindruck vermittelt, den Neuseeland allgemein hinterläßt.

Otago

Im unteren Drittel der Südinsel erstreckt sich die Region Otago, deren wichtigste Stadt Dunedin (→dort) ist. Auch hier überwiegt das weite Farmland, ebenfalls abgelöst von Hügeln und Bergen im Central Otago. Die „Hauptattraktionen" sind Queenstown (→dort), Milford Sound und Milford Track *(→Nationalparks: Fjordland National Park)* sowie Routeburn Track *(→Nationalparks: Mt. Aspiring National Park).* Andere sehenswerte Ziele sind das Städtchen Oamaru, die Provinzhauptstadt von Nord-Otago, die auf einem erloschenen Vulkan gelegen ist. Es hat einen sehr alten Stadtkern, und man kann herrliche Häuschen, die aus dem bekannten Oamaru-Kalkstein erbaut wurden, besichtigen. In der näheren Umgebung finden sich auch heute noch Steinzeichnungen der Maoris.
Oder man läßt sich in der Nähe des Fischerdörfchens Moeraki von einer geologischen Besonderheit faszinieren: Bei einem Strandspaziergang gelangt man zu den *Moeraki Boulders,* imposanten steinernen Riesenkugeln, die einen Umfang von bis zu vier Metern und ein Gewicht von mehreren Tonnen haben. Ein geheimnisvoller, beeindruckender Anblick.
Wunderbar auch der Besuch der Otago Peninsula, die durch ihre Albatroskolonie bekannt ist. Neben diesen interessanten Vögeln gibt es hier auch Pinguine zu beobachten.

Southland

Die Region liegt im „Zipfel" der Südinsel und zieht sich ein Stück an der Westküste hinauf. Der größte Nationalpark der Welt, der Fjordland National Park *(→Nationalparks),* erstreckt sich über einen weiten Teil dieser Region. Im Umland der wichtigsten Stadt des Southlands, Invercargill (→dort), wird vor allem Landwirtschaft betrieben.

Westland

Wir bewegen uns an der Westküste entlang wieder nördlich. Greymouth (→dort) ist die bedeutendste Stadt des Westlands. Einstmals war sie die Region der Goldgräber und Holzfäller, heute trifft man in dieser Küsten- und Waldlandschaft, die vielen immer noch undurchdringlich und wild erscheint, auch zahlreiche Künstler und Individualisten. Wegen der zwei Nationalparks in dieser Region, dem Mt. Aspiring und dem Westland National Park *(→Nationalparks, jeweils dort),* zieht es Einheimische wie Besucher immer mehr in diese Gegend.

Nelson
Der Kreis um die Südinsel herum schließt sich in der Region Nelson mit ihrer gleichnamigen „Hauptstadt" *(→Nelson).* Besonders berühmt ist die Region durch ihr ganzjährig mildes Klima und die wenigen Regenstunden pro Jahr, beides ein wichtiger Punkt für den massiv betriebenen Obstanbau. Dazu kommen die guten Badestrände, die die Besucher aus nah und fern anlocken. Besonders berühmt in der Region Nelson: der Able Tasman und der Nelson Lakes National Park *(→Nationalparks, jeweils dort).*

Reiseapotheke

Notwendig sind nur eine Sonnenschutzcreme und eine Salbe gegen Juckreiz, letztere wegen der Sandflies-Plage *(→Sandfly).* Das vorbeugende Mittel gegen diese Stechmücken kauft man am besten vor Ort, denn die in Neuseeland gebräuchlichen Medikamente sind etwas wirksamer als die hiesigen (trotzdem nicht zu viel erwarten!).
Wenn man ein ganz bestimmtes Medikament bevorzugt, sollte man sich dieses ausreichend mitnehmen, da eben doch oft andere Marken angeboten werden.

Reisen im Land
Reisen im Land / **Mit dem Auto**
Möchte man so viel wie möglich von Aotearoa *(→dort)* entdecken, ist das Reisen mit dem Auto die bequemste Art. Das neuseeländische Straßennetz ist sehr gut ausgebaut und ausreichend beschildert. Nicht nur die großen, asphaltierten Straßen garantieren Sicherheit, auch Schotter- und Nebenstraßen sind gut befahrbar. Ungewohnt ist für viele Touristen freilich der Linksverkehr. Auch im Fahrzeug selbst braucht man seine Zeit, bis man sich zurechtfindet und nicht mehr den Scheibenwischer bedient, wenn man eigentlich blinken möchte! Auch wenn man schon glaubt, sich an den Linksverkehr gewöhnt zu haben, in den Städten sieht's dann doch wieder ein bißchen anders aus (besonders beim Einfahren in Kreuzungen). Lieber zweimal überlegen und langsam fahren!

Reisen im Land / **Mit dem Motorrad**

Reisen mit dem Motorrad ist aufgrund der guten Straßenverhältnisse auch sehr angenehm. Motorradvermietungen sind allerdings nicht so zahlreich gesät wie Autovermietungen. Pro Tag zahlt man für eine Maschine zwischen 50 und 60 NZ$, zuzüglich etwa 13 Cent pro gefahrenem Kilometer. Beim Motorradleihen sollte man aber daran denken, daß es in Neuseeland auch zur Sommerzeit oft und überraschend regnet!

Reisen im Land / **Mit der Bahn**

Komfortabel ist das Reisen mit der Bahn. Mit einer Länge des Eisenbahnnetzes von 4273 km ist gewährleistet, daß der Tourist auch auf diesem Wege alles Sehenswerte erreicht. Und man kann die abwechslungsreiche Landschaft genießen. Mit Fernzügen der Gesellschaft „InterCity" durchquert man rasch das ganze Land. Der Fahrplan ist vielfältig, und es bestehen gute Anschlußverbindungen. Die meisten Strecken werden täglich gefahren. Kostenpunkt anhand einiger Beispiele: Auckland — Rotorua 32 NZ$, Auckland — Wellington 74 NZ$, Picton — Nelson 23 NZ$, Picton — Christchurch 44 NZ$, Christchurch — Dunedin 43 NZ$, Christchurch — Queenstown 72 NZ$. Reizvoll sind die Fahrten mit den verschiedenen Sonderzügen von „InterCity" (dem TranzAlpin Express, dem Silver Fern oder The Bay Express) nicht nur wegen der guten Ausstattung der Züge (Speisewagen, Großraumwaggons, etc.), sondern auch, weil während der Fahrt z.B. Wissenswertes über die jeweilige Landschaft erzählt wird. Man kann hier sogar ganze Touren mit Übernachtung und organisierten Ausflügen buchen (Information und Buchung bei der Hauptagentur unter Rufnummer Auckland (09) 792-500 oder Wellington (04) 725-409).

Reisen im Land / **Mit dem Bus**

Das Reisen mit dem Bus ist ebenso komfortabel und eine vielgenutzte Art der Fortbewegung. Verschiedene Buslinien steuern alle größeren Städte und Sehenswürdigkeiten an. Die Bustarife entsprechen in etwa den Preisen der Eisenbahn (z.B. Picton — Christchurch 46 NZ$, Christchurch — Queenstown 65 NZ$). Auch organisierte Bustouren werden angeboten. Pauschalreisen ab 3 bis 28 Tagen beinhalten neben der Fahrt die Unterkunft, Verpflegung und den Besuch verschiedener Attraktionen.

Spezielle Tarife für Bus und Bahn gibt es zur Hauptreisezeit. „Mt. Cook Landline" verkauft den „Kiwi Coach Pass", mit dem man für 213 NZ$ sieben Tage lang oder für 545 NZ$ 25 Tage lang alle beliebigen Busstrecken befahren kann. Das staatliche Unternehmen „InterCity" kombiniert mit dem Travelpass die Bus- und die Zugbenutzung. Acht Tage kosten 299 NZ$, 22 Tage 479 NZ$.

Stadtbusse und Taxis regeln rund um die Uhr den innerörtlichen Verkehr.

Reisen im Land 111

Reisen im Land / **Mit dem Flugzeug**

Auch der interne Flugverkehr ist in Neuseeland außerordentlich gut. Mit der nationalen Fluglinie „Air New Zealand" kann man 24 Städte Neuseelands erreichen. Auch „Mt. Cook Airlines" und „Ansett" stehen hoch im Kurs. Sondertarife und „Sparpakete" mit verschiedenen Konditionen ermöglichen ein schnelles, attraktives Reisen. Der Geldbeutel wird bei einem Flug von Auckland nach Wellington um 195 NZ$ erleichtert, von Christchurch nach Queenstown z.B. um 224 NZ$. Bei einem Sondertarif ist der Flug von Auckland nach Wellington mit Glück schon für 74 NZ$ zu haben. Eines der vielen Sparpakete ermöglicht es beispielsweise vier beliebige Inlandstrecken für 370 NZ$ zu fliegen. Viele verschiedene Anbieter von Flugzeug- oder Hubschrauber-Rundflügen zeigen die schönsten Seiten Aotearoas aus der Vogelperspektive. Besonders beliebt ist etwa ein Flug auf der Südinsel am Mt. Cook, der eine Landung auf einem Gletscher einschließt. Kostenpunkt rund 150 NZ$.

Reisen im Land / **Mit dem Schiff**

Die Cook Strait, die Nord- und Südinsel voneinander trennt, kann außer per Flugzeug nur mit der Fähre überwunden werden. Diese fährt bis zu viermal am Tag die Strecken Picton — Wellington — Picton, in der Saison sind Reservierungen anzuraten. Für die dreieinhalbstündige Überfahrt zahlt man 28 NZ$, für ein Fahrzeug je nach Länge zwischen 75 und 130 NZ$ (Bei manchen Autovermietungen ist dieser Preis inklusive, oder man kann das Auto auf der Nordinsel stehenlassen und bekommt ein neues auf der Südinsel. Darum: Sonderregelungen beachten!).

Reisen im Land / **Trampen**

Für Tramper ist Neuseeland ein Paradies. Selbst Personenwagen, in denen schon fünf Leute sitzen, halten an, wenn sie den erhobenen Daumen am Straßenrand sehen. Neuseeländer sind gerne hilfsbereit! Sie geben Tips und fahren auch kleine Umwege, um den „Gast" am gewünschten Ort abzusetzen. Einladungen, auf dem Rückweg doch vorbeizuschauen, sind keine Seltenheit. Und wer's tatsächlich macht, wundert sich, daß die Freude über den Besuch wirklich groß ist. Längere Wartezeiten beim Trampen muß man eigentlich nur auf der Südinsel in Kauf nehmen, da dort weniger Autos (dafür aber mehr Touristen-Wohnmobile) unterwegs sind.

Reisezeit →*Klima*

Religion

Etwa 26 % der Bevölkerung gehören dem anglikanischen Glauben an. 17 % sind Presbyterianer, 14 % Katholiken, 5 % Methodisten, 2 % Baptisten und etwa 1 % zählt zu den Anhängern der Maori-Kirche.

Restaurants →*Essen und Trinken, jeweilige Ortschaften*

Rotorua

Was Queenstown (→dort) für die Südinsel ist, ist Rotorua für die Nordinsel. Zumindest, was den Touristenstrom anbelangt. Doch es ist nicht so sehr die Stadt, die die Menschen anzieht. Attraktion ist vielmehr das riesige Thermalgebiet, dessen Zentrum Rotorua ist. Heiße Quellen, riesige Geysire, blubbernde Schlammtümpel, kochende Erde — das macht die Faszination dieser Stadt mit ihren rund 51 000 Einwohnern aus. Da hier auch eine große Zahl Maori leben, eignet sich die Stadt nicht schlecht dazu, Kontakt zu ihnen zu bekommen.

Rotorua / **Geschichte**

Mitte des 14. Jahrhunderts ließ sich hier der Te Arawa Stamm nieder und lebte einige Zeit in Frieden, bevor interne Querelen den Stamm teilten. Andere Maori-Stämme kamen in das Gebiet, bald kam es zu Unruhen und Kämpfen. Mit den europäischen Siedlern kamen auch die Missionare, eine Station wurde 1838 in Rotorua gegründet. Und bereits im Jahre 1870 begann sich die Tourismusindustrie hier zu etablieren, denn die heilsame Wirkung der heißen Quellen war offenkundig. So entstand ein weltweit bekanntes Heilbad für Rheumakranke.

Rotorua / **Sehenswürdigkeiten**

Die Hauptattraktion Rotoruas ist das Thermalgebiet und Museumsdorf *Whakarewarewa* (→dort). Aber auch die Stadt selbst hat doch einiges zu bieten. Zum einen ist sie am wunderschönen Lake Rotorua gelegen *(→Seen),* zum anderen zeigt auch ein Bummel durch die Stadt einiges Sehenswertes. Da ist der zentral gelegene Park, *Government Gardens*, eine schöne Anlage, dessen Blickfang der *Tudor Towers*, ein ehemaliges Badehaus, ist. Heute beherbergt dieses imposante Gebäude ein erstklassiges Restaurant, das *Rotorua Museum* und die *Art Gallery*. Wer aber auf ein entspannendes Bad nicht verzichten möchte, findet auch heute noch bei den Government Gardens Gelegenheit dazu: In der Hinemoa St. befinden sich die *Polynesian Pools*, die von heißen Quellen gespeist werden. Außerdem haben zahlreiche

Hotels, aber auch Privathäuser, in Rotorua ihre eigenen heißen Quellen im Garten. Im Government Gardens kann man außerdem fast immer Damen und Herren beim beliebten Bowling-Spiel beobachten, eine entspannende Angelegenheit auch für Leute, die mit dieser Sportart noch nicht vertraut sind.

Nach einer beeindruckenden Strandpromenade am Lake Rotorua entlang, erreicht man das Maori-Dörfchen *Ohinemutu*. Die Bewohner dort sind den Besuchern aufgeschlossen, man kann sich hier lebhaft die Zeit vor der europäischen Besiedlung vorstellen. Schön zu sehen auch die dortige *St. Faith's Church* aus dem Jahre 1910, die von Maori-Kunstwerken geprägt ist.

Fünf Kilometer außerhalb der Stadt in Richtung Hamilton (→dort) befinden sich die *Rainbow & Fairy Springs*, eine Forellen- und Schaffarm. Hier kann man sich täglich von 8 bis 17 Uhr für 12 NZ$ ein Bild über das Leben und die Arbeit der Forellen- und Schafzüchter machen. Drei Kilometer entfernt liegt das *Agrodome*, ebenfalls ein für Touristen zugängliches Gebiet, in dem man alles Wissenswerte rund ums Schaf erfährt.

Von Rotorua aus werden zahlreiche Ausflüge in die nähere wunderschöne Umgebung angeboten. Eine Auswahl vor Ort lohnt sich.

Rotorua / **Museen und Galerien**

Das überschaubare *Museum im Tudor Towers* bietet eine interessante Auswahl von Exponaten der Maori-Kunst, Informationen über den Ausbruch des Tarawera-Vulkans vor 100 Jahren und außerdem detaillierte Erklärungen zur Entwicklung der gesamten Region, vor allem zur Geologie und Vegetation. Geöffnet ist das Museum wochentags von 10 bis 16 Uhr, am Wochenende von 13 bis 16.30 Uhr.

Am selben Ort kann man dann auch die *Art Gallery* besuchen, in der in erster Linie Werke von neuseeländischen Künstlern ausgestellt sind (Öffnungszeiten wie oben).

Rotorua / **Praktische Informationen**

Ärztliche Versorgung: Queen Elisabeth Hospital, Whakaue St., Tel. (073) 481-199 oder Rotorua Medical Centre, 9 Amohia St., Tel. (073) 470-000.

Essen und Trinken: Schnelle, kleine Gerichte bekommt man in Rotorua überall. Empfehlenswert ist das *Gazebo*, Tutanekai St., das die verschiedensten Gerichte anbietet. Griechisch und italienisch zugleich kann man im *Floyd's Café*, 46 Haupapa St. essen. Außerdem befinden sich zahlreiche Pizzerias in Rotorua. Unbedingt versuchen sollte man ein „Hangi", das typische Maori-Gericht. Zubereitet wird dabei alles Eßbare — Fleisch, Fisch, Gemüse — indem es, in große Blätter gewickelt, in ein mit heißen Steinen gefülltes Erdloch gelegt wird. Das Ganze wird erst mit feuchten Tüchern und dann mit Erde bedeckt und muß so einige Stunden garen.

Sehr delikat! Die beiden Hotels Travelodge und THC laden täglich zum „Hangi", inklusive Maori-Konzert und -Show, ein. Der Preis beträgt 30 NZ$.

Unterhaltung: Vor allem Maori-Konzerte, aber übliches „Nachtleben" im Tudor Towers oder im *Club Keets*, Pukuatua St. Einige Pubs bieten Live-Musik.

Unterkunft

Ein Hotel der gehobenen Klasse ist das *Sheraton*, Ecke Fenton/Sala St., Tel. 487-139, DZ/EZ 214 NZ$. Für DZ/EZ zahlt man im *Havana Motel*, 12 Whakaue St., Tel. 488-134 nur 67 NZ$. Da die meisten Motels in der Fenton St. liegen, lohnt sich ein Preisvergleich.

Gästehäuser gibt es überall, z. B. die *Mt. View Lodge* im Mt. View Dr., Tel. 461-908, DZ 50/EZ 30 NZ$ oder das *Eaton Hall*, 39 Hinemaru St., Tel. 470-366, DZ 56/EZ 35 NZ$.

Das *Rotorua Youth Hostel*, Ecke Eruera/Hinemaru St., Tel. 476-810 kostet 13 NZ$. Eine kleine Auswahl der vielen Campingplätze: Zwei befinden sich in der Whittaker Rd., zum einen *Cosy Cottage*, Tel. 83-793, Zeltplatz ab 6.50 NZ$, Häuschen ab 18 NZ$, zum anderen *Lakeside Motor Camp*, Tel. 81-693 mit fast gleichen Preisen. Mit Swimmingpool ausgestattet ist das *Rotorua Thermal Motor Camp*, Tel. 88-385, 8 NZ$ pro Person.

Verkehrsverbindungen: Rotorua ist mit andere größere Städten gut durch Busnetze und verschiedenen Fluglinien verbunden.

Wichtige Adressen

Das Büro der NZTP befindet sich in der 67 Fenton St. und ist von 8.30 bis 17 Uhr geöffnet. Weitere Auskünfte erhält man im „Department of Conservation", Amohau St., montags bis freitags von 9 bis 17 Uhr.

Polizei: Rotorua District Headquarters, Fenton St., Tel. (073) 480-099.

Post: Ecke Hinemoa St./Tutanekai Mall.

Russell

Ein ruhiges und beschauliches Städtchen, das eigentlich nur durch seine Lage in der Bay of Islands (→dort) wichtig ist. In den Anfangszeiten wurde es als „vorläufige" Hauptstadt Neuseelands genutzt, da es die größte europäische Siedlung war.

Russell / Sehenswürdigkeiten

Da ist zum einen die älteste Kirche Neuseelands, die *Christ Church,* im Jahre 1835 erbaut. Und eines der ältesten Häuser, das *Pompallier House*, das 1841 für den französischen Missionar Bischof Pompallier errichtet wurde. Darin befindet sich heute ein kleines Museum, täglich von 10 bis 12.30 und von 13.30 bis 16.30 Uhr geöffnet,

Eintritt 3 NZ$. Das eigentliche Museum, das *Captain Cook Memorial Museum,* befindet sich in direkter Nachbarschaft zum Pompallier Haus. Neben den gängigen Exponaten zur frühen Besiedlungsgeschichte wird auch eine Nachbildung der „Endeavour", dem Schiff von Kapitän James Cook, gezeigt. Geöffnet von 10 bis 16 Uhr, Eintritt 2 NZ$. Noch eines der ältesten Gebäude Neuseelands ist in Russell zu bewundern: Das *Duke of Marlborough Hotel* an der Uferpromenade „The Strand", das erste Hotel Neuseelands, das eine Alkohol-Ausschanklizenz erhielt.

Russell / **Praktische Informationen**

Autovermietung: Das Büro von „Budget" befindet sich in der 41 Shotover St., das von „Hertz" und „Newmans" in der Church St.

Essen und Trinken: Empfehlenswert ist hier das Restaurant im *Duke of Marlborough*, an der Uferpromenade, dort befindet sich auch *Gables*. Ansonsten einige Möglichkeiten für einen kleinen Imbiß in den verschiedensten Bars und Cafés.

Unterkunft: Für DZ/EZ 65 NZ$ kann man im *Duke of Marlborough*, Tel. 37-829 übernachten. Im *Motel Russell*, Matauwhi Bay Rd., Tel. 37-854 kostet DZ 62/EZ 54 NZ$.

Verkehrsverbindungen: Einfache Weiterreise mit Flugzeug und Bus.

Wichtige Adressen

Am Ende des Bootsstegs befindet sich das Informationszentrum, und für alle Auskünfte über die Bay of Islands steht das „Bay of Islands Park Headquarter" direkt neben dem Cook Memorial Museum werktags von 7.30 bis 16 Uhr zur Verfügung. Post: York/Chapel St.

Schecks →*Geld*
Schiffsverbindungen →*Reisen im Land*

Seen

Es gibt so viele Seen in Aotearoa (→dort) zu bewundern, daß es fast unmöglich ist, sie alle mit Namen zu nennen. Jeder hat seinen eigenen Reiz, seine eigenen Schönheiten. So sollen nur ganz kurz einige wichtige Seen in alphabetischer Reihenfolge genannt werden, damit man sich einen kleinen Überblick verschaffen kann.

Lake Grasmere

Dieser See liegt im Norden der Südinsel, südlich der Stadt Blenheim (→dort). Er ist deshalb von Bedeutung, weil sich in seiner Nähe große Anlagen zur Salzgewinnung befinden.

Lake Hawea

Ein wunderschönes Fleckchen Erde in Central Otago (→Regionen). 16 km von der Ortschaft Wanaka entfernt, erstreckt sich der Lake Hawea, an dessen Ufern eine üppige Vegetation, bestimmt von Weiden und Pappeln, wächst. Schön sind hier Wanderungen auf die umliegenden Berge, von denen aus man einen guten Blick auf den See hat. Man kann Forellen und Lachse fischen oder mit gemieteten Kajaks herumpaddeln.

Lake Manapouri

19 km südlich von Te Anau (→dort), im beeindruckenden Fjordland (→Nationalparks), liegt der Lake Manapouri, der „See der hundert Inseln". Von dort aus starten Tagesausflüge zum vielumschwärmten Doubtful Sound (→dort), man kann aber auch reine Bootsfahrten auf diesem See unternehmen. Der wohl bekanntere Trip auf dem Lake Manapouri startet von der gleichnamigen Ortschaft aus zu einem Besuch der „Manapouri Hydro-Electric Power Station". Bei der Besichtigung dieser Anlage kann man sehen, wie das Wasser des Sees mittels eines Rohrsystems zu Turbinen des Kraftwerkes fließt. Diese Turbinen liegen in einem Tunnelgewölbe, 213 m unterhalb des Sees. Von dort wird das Wasser in langen Rohren zum Doubtful Sound weitergeleitet. Hat man die Power Station besichtigt (Dauer etwas vier Stunden mit Übersetzen über den See) kann man noch eine Fahrt zum Doubtful Sound anschließen. Ein lohnenswertes Erlebnis, das allerdings seinen Preis hat: 88 NZ$ zahlt man für den rund acht Stunden dauernden Trip.

Wer nicht soviel Geld investieren möchte, kann den See auf Wanderungen erforschen.

Lake Matheson

Nur wenige Kilometer von der Ansiedlung Fox am Fox Glacier (→dort) entfernt liegt der Lake Matheson. Von hier aus ist es nicht mehr weit bis zur Gillespie Beach (→dort). Der See selbst ist von leicht begehbaren Wegen gesäumt, die durch schöne Waldlandschaft mit interessanten Pflanzen führen. Der See leuchtet in den schönsten Farben und bietet mit dem umliegenden Grün ein besonderes Bild. Allerdings wird er aus einem anderen Grud sehr häufig besucht: Bei klarem Wetter spiegelt sich in seinem Wasser der 3764 m hohe Mt. Cook, und dieses Spiegelbild zählt zu einem der schönsten Fotomotive Neuseelands.

Lake Paringa

Er ist einer der insgesamt elf idyllischen Moorseen, die in der weiteren Umgebung von Haast zu finden sind. Der Lake Paringa liegt direkt zwischen Haast und Hokitika und ist durch die hier vorkommenden seltenen Vogelarten bekannt. Ein wunderschöner Platz für Ornitologen, aber auch für Menschen, die in der Vogelkunde zwar nicht so bewandert sind, dennoch aber ihren Spaß am Beobachten ganz unterschiedlicher Vögel haben. Auch der in der Umgebung gelegene Regenwald ist sehenswert.

Lake Rotorua
Ein bemerkenswert schöner See, der größte von insgesamt zwölf in der Gegend um Rotorua (→dort). Hier bieten sich zahlreiche Spaziergänge, vor allem aber Bootstouren an. Ob organisierte Fahrten auf bewirtschafteten Schiffen, z.B. zur Insel Mokoia, oder Selbsterkundung des Rotorua-Sees mittels eines Tret- oder Paddelbootes, es lohnt sich, ein wenig Zeit zu investieren.

Lake Taupo
Der größte See Neuseelands im Herzen der Nordinsel füllt, wie der Lake Rotorua auch, einen ehemaligen Krater. Mit 606 qkm und seinen 357 m über dem Meeresspiegel ist er ein gigantischer und imposanter See. Und da er ohnehin in einem touristisch wichtigen Gebiet liegt, ist hier das ganze Jahr über sehr viel los. Sportliche Aktivitäten werden von Einheimischen und Besuchern gerne ausgeübt. Neben allen gängigen Wassersportarten ist der Lake Taupo vor allem durch seine vielen Forellen für Angelfreunde ein absolutes Muß.

Lake Te Anau
Er ist der größte See der Südinsel (53 km) in einer wunderschönen Landschaft. Die gleichnamige Ortschaft (→ *Te Anau*) und der See selbst werden oft auch als „das Tor zum Fjordland" bezeichnet. Ferner gelten die Barkassenfahrten zu den Glühwürmchenhöhlen (nähere Informationen → *Te Anau*) zu den größten Attraktionen des Lake Te Anau.

Lake Wakatipu
In einem ehemaligen Gletschertal liegt der See Wakatipu, der sich malerisch an die Stadt Queenstown (→dort) anschmiegt und mit seinen 29 000 ha Fläche der drittgrößte See Aotearoas (→dort) ist. Hier kann man zahlreiche Wassersportarten treiben. Am nördlichen Ende des Lake Wakatipu liegt die kleine Ansiedlung Glenorchy, die als Ausgangspunkt für den Routeburn-Track (→*Nationalparks: Mt. Aspiring National Park*) geeignet ist.

Lake Wanaka
Dieser beeindruckende Alpensee ist auf der Südinsel zu finden. Durch seine abwechslungsreiche Umgebung und die unzähligen Möglichkeiten, selbst aktiv zu werden, wurde der Lake Wanaka zum vielbesuchten Ferienparadies. Die kleine gleich-

namige Ortschaft ist ganz auf den Tourismus ausgerichtet. Wichtige Anlaufstelle ist sie auch deshalb, weil man von hier aus den Mt. Aspiring National Park (→*Nationalparks*) erforschen kann. Der See eignet sich ebenfalls sehr gut für alle Arten des Wassersports.

Sehenswürdigkeiten

Natur pur ist wohl die Hauptattraktion, die Neuseeland zu bieten hat. Auf kleinstem Raum (die Oberfläche ist nicht größer als die der Bundesrepublik Deutschland vor der Wiedervereinigung) drängen sich Vulkane, Fjorde, Urwälder, Geysire, Thermalquellen, Gletscher, lange Strände, Gebirgsketten und Wälder mit seltenen Pflanzen und Bäumen. Um diese Vielfalt zu erleben, eignen sich am besten Wanderungen und Touren durch die einzelnen Nationalparks (→*Nationalparks*) — zwölf sind es an der Zahl!

Auch das große Angebot an Museen und Galerien macht die Inseln interessant. Informationen über die Geschichte des Landes, polynesische Geschichte, Fauna und Flora und die Maori-Kultur gibt es nicht nur in Auckland, Wellington, Christchurch und Rotorua (→jeweils dort), sondern auch in zahlreichen anderen Ortschaften. Besonders eingegangen wird in sehr vielen Museen auch auf die Schiffahrt. Maori-Kultur in geballter Form wird in Whakarewarewa (→dort) lebendig. Das Museumsdorf ist zwar sehr auf Touristen ausgerichtet, aber fast die einzige Möglichkeit, sich umfassend über Kultur, Lebensweise und Tradition der Maori zu informieren. Hier gibt es auch Geysire, heiße Quellen und Mudpools (kochende Schlammlöcher) zu sehen, die man aber auch in anderen Gegenden der Nordinsel ohne allzu viel Touristenrummel bewundern kann.

Shantytown

Etwa acht Kilometer südlich von der Stadt Greymouth (→dort) liegt das wiederaufgebaute Goldgräber-Städtchen Shantytown. Ähnlich wie Arrowtown (→dort) wurde hier versucht, die Zeit des Goldrausches lebendig zu erhalten. Die schönen Häuser aus der Zeit der Jahrhundertwende, in denen einstmals die Goldgräber lebten, erwecken ebenso nostalgische Gefühle wie eine Fahrt durch den Ort mit der Postkutsche. Außerdem kann man sich mit einer Dampfeisenbahn aus dem Jahr 1897 in den Busch hineinfahren lassen. Oder aber man versucht sich selbst als Goldgräber. Shantytown ist täglich von 9 bis 17 Uhr geöffnet, der Eintritt beträgt 4 NZ$.

Sitten und Gebräuche →*Bevölkerung, Essen und Trinken, Verhalten*

Sport

Der Neuseeländer liebt den Sport über alles. Darum ist es auch kein Wunder, daß das Angebot so vielfältig ist. An den Wochenenden hält die „Kiwis" (→dort) nichts mehr im Haus: Sie sind beim Pferderennen, beim Wandern, spielen Golf, Bowling oder Rugby.

Kein Problem also, selbst aktiv zu werden. Ein paar klassische Beispiele der Sportmöglichkeiten: **Angeln**, ein beliebter Volkssport, kann man an fast allen Küsten und Flüssen und an vielen Seen der Nord- und Südinsel. Ebenso beliebt ist das **Hochseefischen**. Informationen hierzu beim „Hunting und Fishing Officer", NZTP Travel Office, Private Bag, Rotorua. Angelscheine gibt es in jedem NZTP-Büro, Preis pro Monat etwa 55 NZ$. Ausrüstungen gibt es sogar bei einigen kleineren Motorcamps zu mieten.

Bergwandern und Wandern kann man in allen Nationalparks, nach Wunsch auch mit geschulten Führern. Die einzelnen NZTP-Büros helfen hier gerne weiter, man erhält ausgezeichnete Unterlagen und wichtige Wettervorhersagen.

Kanufahrer bekommen globale Informationen über sämtliche Möglichkeiten bei der „New Zealand Canoeing Association", P.O. Box 5125, Auckland, New Zealand.

Auch das **Reiten** wird in Neuseeland zum Erlebnis. Ob Stunden-, Tages- oder Mehrtagesritte, das Angebot ist vielfältig und am besten vor Ort zu erfragen. Hilton Hoss Hire in der Nähe von Geraldine bietet z.B. Stunden- oder Tagesexkursionen zum Preis von etwa 11 NZ$ pro Stunde an. Erfahrene Reiter können — nachdem sie vom Besitzer in Augenschein genommen wurden — meist selbst mit dem Vierbeiner losziehen, sofern sie das wollen.

Segeln lohnt sich wohl am meisten in der Bay of Islands, ist aber auch im Marlborough Sound oder im Fjordland wie auch an zahlreichen anderen Küsten möglich. Am bekanntesten ist „Rainbow Yacht Charters", deren Boote die Buchten der Bay of Islands bevölkern. Für etwa 180 NZ$ pro Tag kann man diese Form der Urlaubgestaltung erleben. Informationen beim Post Office Opua, Bay of Islands, Tel. 0-885/27-821.

Skifahren kann man natürlich nur während des neuseeländischen Winters, und dann am besten auf der Südinsel, obwohl auch die Nordinsel reizvolle Skigebiete hat. Skihochtouren und Heli-Ski werden auch organisiert angeboten. Der Tagespaß kostet zwischen 28 und 40 NZ$, Heli-Skiing pro Tag rund 350 NZ$. Das Leihen von Skiausrüstung ist in einigen Sportgeschäften in den Skiorten möglich. Informationen z.B. über die „Ski Guides Ltd", P.O. Box 177, Wanaka, New Zealand, Tel. Wanaka 7-930.

Surfen und Windsurfen erfreut sich immer größerer Beliebtheit. Die Möglichkeiten sind vielzählig. Informationen bei „New Zealand Surfriders Association", P.O. Box 737, New Plymouth und bei „New Zealand Boardsailing Association", P.O. Box 37213, Parnell, Auckland.

Taucher erhalten Auskünfte über die verschiedenen Reviere sowie über Geräte und deren Verleih bei „New Zealand Underwater Association", AA Mutual Building, Auckland.

Tennisfreunde finden in Neuseeland ausreichend Gelegenheit, ihrer Lieblingsbeschäftigung im Freien oder in der Halle zu frönen. Die Preise sind mit den unseren vergleichbar, ebenso die Gepflogenheiten, auch was die Platzbelegung betrifft.

Sprache

Englisch ist die offizielle Landessprache, und nach kurzer Gewöhnungszeit kann man die Neuseeländer dann auch recht gut verstehen. Doch von „Oxford-English" wahrlich keine Spur. Viele Neuseeländer haben eher eine „breite" Aussprache, dazu kommen noch zahlreiche Slangwörter.

Auch die Maori-Sprache, die fremd und wohlklingend ist, hat wieder verstärkt zugenommen. An Schulen und Universitäten wird sie gelehrt, doch mit den Maori kann man sich selbstverständlich sehr gut auf Englisch unterhalten — obwohl es eigentlich schon bedauerlich ist, daß man recht häufig Maori trifft, die ihre eigene Sprache nicht mehr sprechen.

Einige Besonderheiten des neuseeländischen Slangs:

gidday!	Tag! (als Begrüßung)
see ya!	tschüß!
bloody	sehr
cheeky	frech
cracker	Spitze (für Mensch oder Sache)
good on ya!	gut gemacht!
jersey	Pullover
jug	Bierkrug
laid back	lässig, entspannt
mate	Kumpel
no hassle	kein Problem
not bad	gut
paddock	Weide, freies Feld
piece of cake	Kleinigkeit
petrol	Benzin

she'll be right	ist in Ordnung
to shout a drink	einen ausgeben
tea	Hauptmahlzeit

Maori-Begriffe:

haere mai	willkommen
haere ra	leb wohl
kia ora	sei gesund
ao te aroha	Land der großen weißen Wolke
whare	Haus
marae	Versammlungsplatz
pa	befestigtes Dorf
pakeha	Weißer
haka	(Kriegs)Tanz
tapu	Tabu

Stewart Island

Meist spricht man bei Neuseeland von den zwei Hauptinseln und vergißt dabei, daß neben zahlreichen kleinen Inseln auch die bedeutende Stewart Island dazugehört. Und immerhin ist diese Insel, die von der Südinsel durch die Foveaux Strait getrennt wird, 1680 qkm groß.

Doch das einzigartig Schöne an ihr ist in erster Linie die fast unberührte Natur. Geprägt ist das Bild Stewart Islands von Steineibenwäldern, die an vielen Stellen nicht zu durchqueren sind. Nur wenige „Tracks" wurden durch den Dschungel geschlagen, so konnte sich auf Stewart Island eine mannigfache Vogelwelt erhalten. Doch nicht nur diese schön zu beobachtenden Tiere halten sich hier in Scharen auf, leider auch die lästigen Sandflies *(→Tiere)*. Dank des ständigen milden Klimas, das nur durch — tägliche — Regenschauer „getrübt" wird, fühlen sich diese Stechmücken hier besonders wohl.

Verfolgt man die Geschichte der Stewart Island zurück, so haben hier noch vor der Ankunft der Maori auf Aotearoa (→dort) höchstwahrscheinlich Moa-Jäger gelebt. Dann aber ließen sich auch hier die Maori nieder, zunächst von Kapitän James Cook unentdeckt, der im Jahre 1770 die Stewart Island „entdeckte" und seinerzeit aber noch nicht feststellte, daß es sich um eine eigenständige Insel handelte. Er vermutete in ihr eher eine Halbinsel und nannte sie darum Cape South.

William Stewart, 1. Offizier auf der Pegasus, war es dann, der erkannte, daß es sich um eine Insel handelte. Darum trägt sie auch heute noch seinen Namen. Im Jahre

1864 kaufte die Regierung die Insel den Maori ab, für ganze 6000 Pfund! Die einzige Ortschaft, die sich auf Stewart Island befindet, ist Oban, der Einfachheit halber auch meist Halfmoon Bay genannt. Hier leben etwa 450 Menschen, deren Hauptbeschäftigung die Fischerei, inzwischen aber auch der Tourismus ist. Touristen erreichen Stewart Island mit dem Flugzeug von Invercargill aus oder mit der Fähre ab Bluff. Statt 20 Minuten Flug ist man so von Invercargill zuerst mit dem Bus, dann mit der Fähre etwa drei Stunden unterwegs. Rund um Oban wurde im Laufe der Zeit ein Straßennetz von etwa 20 km angelegt, ansonsten muß man schon die Wanderstiefel schnüren, um die Schönheit der Insel kennenzulernen. Mit Informationen wird man in Oban auch versorgt, man kann sich aber auch bereits in Invercargill im „Lands & Survey Department" im Menzies Gebäude (gegenüber vom Bahnhof) kundig machen. Die kleine Ansiedlung Oban beherbergt noch ein Museum, ein Hotel mit Pub und einen Golfplatz. Es gibt einen kleinen Campingplatz, ansonsten findet man bei Privatleuten Unterkunft. Auf den Wanderrouten sind kleine, spartanische Hütten zum Übernachten errichtet worden.

Strände

Der äußerste Norden der Nordinsel ist geprägt durch den Ninety Mile Beach (→dort), Neuseelands berühmtesten Strand. Auf 100 Kilometern feinstem Sand, der aber so fest ist, daß man ihn gut befahren kann, kann man sich hier tummeln.
Ein ebenso schöner Strand findet sich in der Verlängerung des Ninety Mile Beach, also an der Westküste der Nordinsel, um Dargaville herum.
Besondere Strände findet man natürlich auch in der Bay of Islands und in der Bay of Plenty (→jeweils dort). Und eine Vielzahl kleiner, einsamer Buchten gibt es auch auf der Südinsel in der Tasman Bay.
Alle Strände Neuseelands aufzuzählen, wäre ein großes Kapitel für sich, denn schließlich sind die Inseln von der Tasman See und dem Pazifischen Ozean umgeben. Es lohnt sich, selbst ein wenig auf Entdeckungsreise zu gehen, möchte man sich nicht im Touristenrummel sonnen.

Strom

Gebräuchlich ist Wechselstrom 230/240 Volt, 50 Hertz. So kann man 220 Volt Wechselstromgeräte ohne Probleme verwenden. Auf Campingplätzen, in Hotels und in Motels kommen jedoch 110 Volt aus der mit drei Löchern bestückten Steckdose. Um den bei uns üblichen Stecker benutzen zu können, benötigt man also einen Adapter. Ebenso sollte man seine elektrischen Geräte auf 110 Volt umstellen können.

Tasman Glacier

Aotearoa (→dort) ist auch das „Land der Gletscher". Schließlich findet man hier weit mehr als 100 dieser Naturschauspiele, die sich von den Gipfeln der Gebirgsmassive ins Tal hinabziehen. Der größte von ihnen ist der Tasman Gletscher, der, wie viele seiner Kollegen auch, aus dem Gestein des Mt. Cook entspringt. Mit seinen 29 km Länge ist dieser Eisstrom der längste Gletscher außerhalb des Polarkreises überhaupt! Einige Anbieter, darunter „Mt. Cook Airlines", bieten Gletscherrundflüge an. Mit einem Kufenflugzeug kann man sogar auf dem Gletscher landen. Natürlich ist Skifahren unter kundiger Führung möglich. Auskünfte holt man sich am besten im Park Visitors Centre.

Taupo

Taupo ist ein Städtchen im Herzen der Nordinsel, das für all diejenigen von großem Interesse ist, die den Wassersport lieben. Schließlich liegt es am gleichnamigen See, dem größten Neuseelands, der von warmen Quellen und zahlreichen Flüssen gespeist wird. Ein reichhaltiges Sportangebot lockt die Besucher: Wasserski, Schwimmen, Bootsfahrten; besonders gern wird er allerdings von Anglern besucht, da in dem See viele Forellenarten heimisch sind.

Taupo selbst hat eigentlich wenig zu bieten, dafür die nahe Umgebung um so mehr.

Huka Falls: Man verläßt Taupo über die State Highway Number 1 in Richtung Wairakai und Rotorua und biegt an der ersten größeren Straße rechts ab. Schon bald erreicht man eine Brücke, die nur für Fußgänger gebaut wurde. Sie führt über den Waikato Fluß, der an den Huka Falls zusammengedrängt wird und 24 m in die Tiefe stürzt. Obwohl man in Aotearoa (→dort) Wasserfälle „en masse" zu sehen bekommt, lohnt sich der Ausflug zu den Huka-Wasserfällen. In der Nähe findet man *Huka Village*, der Nachbau eines Dorfes der einstigen Pionierzeit. Es kann täglich von 9 bis 17 Uhr besucht werden, der Eintritt beträgt 3 NZ$.

Am Waikato River, mit 425 km der längste Fluß Neuseelands, liegt die „Wairakei Geothermal Power Station". Als zweites Land der Welt begann Neuseeland damit, elektrische Energie aus natürlichen Quellen zu gewinnen. Durch Geysire werden die zahlreichen Turbinen angetrieben. Vom „Geothermal Power Project Information Office" starten Besichtigungstouren, geöffnet ist die Power Station von 9 bis 12 Uhr und von 13 bis 16.30 Uhr.

Andere Sehenswürdigkeiten in der Umgebung von Taupo sind Craters of the moon (→dort) und Orakai Korako (→dort).

Taupo / **Praktische Informationen**
Ärztliche Versorgung: Taupo Hospital, Kotara St., Tel. (074) 88-100 oder Taupo Medical Centre, 117 Heuheu St., Tel. (074) 84-080.
Essen und Trinken: Empfehlenswert, aber nicht ganz billig sind die Restaurants *Echo Cliff*, 5 Tongariro St. und *Brookes*, 22 Tuwharetoa St. Auch die *Steak & Ale Bar*, 17 Tongariro St. hat eine vielfältige Speisekarte. Zahlreiche Pubs bieten kleine Gerichte und auch Fast Food- und Take away-Läden sind stark vertreten.
Unterkunft
Teuer ist das Hotel *Manuel's Beach Resort*, Lake Terrace, Tel. 85-110, DZ 146/EZ 112 NZ$. Im *Bradshaws Travel Hotel*, Heuheu St., Tel. 88-288 dagegen kosten DZ 50/EZ 35 NZ$.
Motels glbt es wie Sand am Meer, die Preise liegen ungefähr zwischen 70 und 100 NZ$.
Auch Campingplätze gibt es in großer Zahl: *Auto Park*, Rangatira St., Tel. 84-272, im Zelt 6.50 NZ$ pro Person, es gibt aber auch Häuschen in den verschiedensten Ausführungen. *Taupo Cabins*, 50 Tonga St., Tel. 84-346 hat viele verschiedene Häuschen ab 22 NZ$ aufwärts. Im *Hill Top Motor Caravan Park*, 39 Purivi St., Tel. 85-247 kostet der Zeltplatz 8 NZ$.
Wichtige Adressen
Das Taupo Information Centre in der Tongariro St. ist täglich von 8.30 bis 17 Uhr geöffnet.
Polizei: Taupo Police Station, Starey Place, Tel. (074) 86-060.
Post: Ecke Horomatangi/Ruapehu St.

Tauranga

Tauranga, die Hauptstadt und gleichzeitig größte Stadt an der Bay of Plenty (→dort) lohnt auf jeden Fall einen Besuch. Es macht Spaß, durch die Straßen zu bummeln, sich die alten Häuser anzusehen oder die weitläufigen Strände zu genießen. In der Nähe von Tauranga befindet sich auch der Mt. Maunganui. Tauranga selbst ist recht übersichtlich angelegt, obwohl sich die Stadt über drei Halbinseln, die mit Brücken verbunden sind, verteilt. Das „Zentrum" befindet sich auf der mittleren Insel an der Tauranga Warft, jenseits der Eisenbahnschienen. Wunderschöne Gärten findet man überall.

Tauranga / **Sehenswürdigkeiten**
Neben dem Bummel durch das Städtchen selbst sollte man auf jeden Fall die *Historic Village* (Freilichtmuseum) in der 17th Ave. besuchen. Hier kann man sich in

Tauranga 125

die Zeit der ersten Einwanderer versetzen lassen und sich anhand der Nachbauten vorstellen, wie zur damaligen Zeit gelebt wurde. Man findet Überbleibsel aus der frühen Maori- und der Goldgräberzeit, Werkstätten werden betrieben, und man kann alte Dampflokomotiven besichtigen. Das Freilichtmuseum ist täglich von 10 bis 16 Uhr geöffnet, der Eintritt beträgt 5 NZ$.

Die Uferpromenade, wie so oft in Neuseeland „The Strand" genannt, ist einen Spaziergang wert. Hier sieht man auch ein altes Maori-Kanu.

In der Mission St. befindet sich nicht nur einer der ältesten Gärten Neuseelands, sondern auch eines der ältesten Gebäude, das *Mission House*.

Heiße Quellen zum Baden und Erholen findet man bei *Fernland Natural Mineral Pools* in der Waihi Rd., täglich von 10 bis 22 Uhr geöffnet.

Ferner ist Tauranga ein günstiger Ausgangspunkt, um Boote zum Sport- oder Hochseefischen zu chartern.

Tauranga / **Praktische Informationen**

Ärztliche Versorgung: Tauranga Hospital, Cameron Rd., Tel. (075) 778-800 oder Tauranga Medical Centre, 51 Third Ave., Tel. (075) 789-059.

Automobile Association: Das Büro befindet sich an der Ecke Cameron Rd./Hamilton St.

Autovermietung: „Avis" in der 81 Grey St.

Essen und Trinken: *La Salle* am nördlichen Ende von „The Strand" ist ein gutes, wenn auch nicht billiges Restaurant. Dafür kann man hier in gediegener Atmosphäre sehr gut französisch essen. Auch empfehlenswert ist *Chez Panisse*, Devonport Rd. Preiswert und gut ißt man im *Cook's Cove Restaurant*, The Strand. Ebenfalls in der Devonport Rd. findet man das *Devonport Café*, das *Bryges Café* und *Le Café*, alle für kleinere Mahlzeiten gut geeignet.

Unterhaltung: Dienstags und samstags wird im *Candyo's Nightclub*, 132 Devonport Rd. Live-Musik gespielt.

Unterkunft

An der Promenade „The Strand" finden sich einige gute Unterkünfte, wie z.B. das *Tauranga Motel*, Tel. 787-079, DZ 82/EZ 71 NZ$. Im Zentrum liegt das *Willow Park Hotel*, Willow St., Tel. 789-119, DZ 115/EZ 99 NZ$, ebenso das *Fauntain Court Motel*, Turret Rd., Tel. 789-401, DZ 66/EZ 54 NZ$.

Für 11 NZ$ kommt man im *Tauranga Youth Hostel*, Glasgow St., Tel. 85-064 unter. Zentrumsnah ist der *6th Ave. Tourist Court*, Tel. 85-709. Hier zahlt man für einen Zeltplatz 8.50 NZ$, für ein Häuschen ab 26 NZ$. Im *Silver Birch Motor Park*, 101 Turret Rd., Tel. 84-603 kostet der Zeltplatz 8.50 NZ$, das Häuschen ab 30 NZ$.

Verkehrsverbindung: Es ist möglich, mit Flugzeug oder Bus weiterzureisen.

Wichtige Adressen
Informationen bekommt man im Information Centre, The Strand an Wochentagen von 9 bis 17 Uhr.
Polizei: Tauranga District Headquarters, Monmouth St., Tel. (075) 788-199.
Post: Ecke Grey/Spring St.

Te Anau

Am gleichnamigen See gelegen, ist das Städtchen Te Anau als „Tor zum Fjordland" bekannt. Ansonsten handelt es sich lediglich um eine kleine Ansammlung von Souvenir- und Touristenläden, die keinen Aufenthalt lohnen. Allein die Ausflugsmöglichkeiten, die sich von hier bieten, machen Te Anau wichtig: die Glühwürmchenhöhlen, der Milford Track und andere Wanderungen.

Te Anau / **Praktische Informationen**

Ärztliche Versorgung: Fjordsland Medical Practice, Bligh St., Tel. (03) 2-497-007.
Essen und Trinken: Wer auf Steaks steht, sollte ins *Southern Touch Steakhouse* am Stadtausgang Richtung Milford gehen. Und Fischfreunde werden bestens im Restaurant *Kepler's*, Milford Rd. bedient. Übliche Speisen gibt's in *Henry's Restaurant & Bar* im THC Te Anau Hotel. Und jede Menge kleiner Imbisse findet man in ganz Te Anau.

Unterkunft
Zum einen das *THC Te Anau Hotel*, Te Anau Terrace, Tel. 7-411. Wie bei vielen Hotels dieser Einrichtung muß man hier mit Preisen ab 200 NZ$ pro Person rechnen. Preiswerter ist in der 52 Te Anau Terrace das *Edgewater XL Motel*, Tel. 7-258, hier kostet die Übernachtung ab DZ/EZ 68 NZ$. Im *Shakespeare House*, Dusky St., Tel. 7-349 zahlt man DZ 70/EZ 59 NZ$.
Im *Te Anau Youth Hostel*, Milford Rd., Tel. 7-847 kommt man für 11 NZ$ unter.
Te Anau Motor Camp, Tel. 7-457 ist ein großzügig angelegter Campingplatz mit Zeltplätzen für 6 NZ$ pro Person, Häuschen ab 24 NZ$. Für den gleichen Preis zeltet man auch im *Mountain View Park*, Mokonui Road, Tel. 7-462.

Wichtige Adressen
In Te Anau selbst findet man das „Fjordland National Park Visitors Centre", Te Anau Terrace, täglich von 8 bis 12 und von 13 bis 17 Uhr geöffnet.
Polizei: Police Station, 196 Milford Rd., Tel. (03) 2-497-600.
Post: Town Centre St.

Telefonieren

Möglichkeiten zum Telefonieren bestehen — auch nach Übersee — an jeder öffentlichen Telefonzelle. Die „STD Calls" sind Selbstwahlgespräche, Ortsgespräche kosten 20 Cent, von Privatanschlüssen sind sie gebührenfrei. Telefonate nach Europa kosten 3,50 NZ$ pro Minute. Als freundlicher Zeitgenosse bedenke man die Zeitverschiebung!

Das gängige System, um nach Übersee zu telefonieren, läuft über den Operator (Telefonist). Nachdem man ihn angewählt hat, muß man Telefonnummer und gewünschte Länge des Gesprächs (drei Minuten sind für ein informatives Statement ausreichend) angeben. Dann nennt der Operator den Preis und oft auch den „Rhythmus", in dem man die Münzen (meist 50-Cent-Stücke) einwerfen muß. Ab und zu hört man noch die Order „Press button A" (oder button B"), zwei Knöpfe, die gut sichtbar an den Telefonen angebracht sind. Dann stellt der Operator die Verbindung her. Der Teilnehmer am anderen Ende hört zuerst ihn („this is an oversea-call from New Zealand"), dann kann man selbst sprechen. Kurz vor Ablauf der bezahlten Zeit schaltet sich der Operator wieder ein und fragt, ob man noch länger telefonieren möchte. Wenn ja, muß man weitere Münzen einwerfen, die Verbindung bleibt solange bestehen.

Telefonieren von Privathaushalten ist billiger und etwas leichter. Um bei Überseegesprächen den Kostenpunkt im Auge zu behalten, meldet man am besten einen „price required call" an. Dazu muß man die Nummer des Apparates, von dem aus man telefoniert, angeben. Dann wird die Verbindung hergestellt. Geraume Zeit nach Beendigung des Gespräches erhält man einen Rückruf und der Betrag des Telefonats wird genannt.

Telefonverbindungen bekommt man natürlich auch in allen Postämtern.

Thames

Das Städtchen Thames liegt auf der Coromandel Halbinsel (→dort) und hat, neben der Schönheit, die diese Insel bietet, nicht besonders viel aufzuweisen. Schön sind die zahlreichen Holzbauten, viele ehemalige Hotelgebäude und Herrenhäuser erzählen Geschichten über die Zeit, als Thames durch den Goldrausch die größte Stadt Neuseelands war. Diese Vergangenheit wird auch durch die Überbleibsel einer Goldmine dokumentiert. Die Entwicklung verlief ähnlich wie in anderen Städtchen dieser Art: Der erste europäische Einfluß nahm durch die Errichtung einer Missionsstation im Jahre 1833 seinen Lauf, die Kriege der Maori in den 60er Jahren des letzten Jahrhunderts bestimmten auch in der Gegend um Thames das Geschehen.

Thames / **Sehenswürdigkeiten**

Wer sich über die Zeit des Goldrausches informieren möchte, findet im *Historical Museum*, Ecke Cochrane/Pollens St. viel Wissenswertes aus dieser Zeit. Geöffnet montags bis samstags von 10 bis 16 Uhr, sonntags von 13 bis 16 Uhr. Und das *Mineralogical Museum*, Ecke Cochrane/Brown St. beherbergt eine interessante Sammlung von Mineralien und Fossilien. Geöffnet montags bis samstags von 14 bis 16 Uhr, sonntags von 10 bis 16 Uhr.

Thames / **Praktische Informationen**

Automobile Association: Pollen St.

Essen und Trinken: Die reichhaltigste Auswahl findet man entlang der Pollen St. Ob teures Restaurant, Snack-Bar oder Café, hier ist sicher für jeden etwas dabei. Gut essen kann man z.B. im *Regency Room* im Hotel Imperial oder in derselben Straße im *Pizza Cabin*, das neben italienischer Küche auch andere Gerichte anbietet. Ebenfalls empfehlenswert ist *The Boulanger*, in der 523 Pollen St.

Unterkunft

In der Pollen St. findet man auch die meisten Unterkünfte. Im *Brian Boru*, Ecke Pollen/Richmond St., Tel. 86-523 zahlt man für DZ 66/EZ 45 NZ$. Motels gibt es jede Menge, der Preis liegt bei DZ 70/EZ 60 NZ$.

Drei Kilometer nördlich von Thames befindet sich das *Dickson Park Motor Camp*, Tel. 87-308, der Zeltplatz kostet 7 NZ$. Die Coromandel ist noch mit zahlreichen anderen Campingplätzen dieser Preisklasse bestückt.

Verkehrsverbindungen: Thames ist sehr gut an das Busnetz angebunden, so daß das Weiterkommen keine großen Probleme macht.

Wichtige Adressen

Im „Thames Information Centre" im Poritt Park an der Queens St. bekommt man täglich von 10 bis 16 Uhr jede Menge Informationen, nicht nur über Thames, sondern über die gesamte Coromandel Peninsula.

Post: ebenfalls in der Pollen St.

Theater →*Unterhaltung*

Tiere

Schafe über Schafe prägen das Bild auf Neuseeland. Doch charakteristisch für die ursprüngliche Tierwelt sind sie nicht. Denn in den bekannten Anfängen Aotearoas (→dort) fehlten Säugetiere vollkommen. Die Inseln waren in erster Linie von unzäh-

ligen Vogelarten bevölkert, von denen sich einige bis in die heutige Zeit „hinübergerettet" haben, was nicht immer einfach war. Schließlich waren viele Arten zu flugunfähigen Vögeln degeneriert, da ihnen die natürlichen Feinde fehlten. So auch der bekannte Kiwi, der flugunfähige Nachtvogel, den man nur mit sehr viel Zeit, Geduld und einem Nachtfernglas in freier Natur zu sehen bekommt. Selbst die meisten Neuseeländer schütteln bedauernd den Kopf und verweisen auf einige Tiergärten, in deren Nachthäusern man die Chance bekommt, das Symboltier Neuseelands zu sehen. Dafür begegnet man anderen flugunfähigen Vögeln, z.B. dem Weka. Als neuseeländische Besonderheit ist der Kea, der „Clown unter den Papageien", bekannt. Er begegnet einem vor allem im Gebirge der Südinsel. Aber Vorsicht: Schon lange an Wanderer gewöhnt, macht sich der Kea über alles her, was nicht niet- und nagelfest ist, selbst wenn es sich im gut verschnürten Rucksack befindet!
Die Vogelwelt, angefangen beim Native Pigeon über den Kaka bis hin zum Morepork, ist heute noch sehr vielfältig. Auch die Säugetiere, erst von den Einwanderern mitgebracht, fühlen sich im Land der langen weißen Wolke wohl. Auffallend noch das immense Aufkommen an Rotwild, das meist in den „deer-farms" — wie bei uns das Rind — gehalten wird.
Gefährliche Tiere gibt es in Neuseeland nicht. In ganz wenigen Regionen kann man mit sehr viel Glück noch die harmlosen Brückenechsen Tuatara entdecken.
Ein unangenehmer „Zeitgenosse", dem man in Neuseeland leider häufig begegnet, ist die Sandfly. Das ist eine kleine, schwarze Stechmücke, die einem das Leben zur Hölle machen kann. Sie tritt in ganzen Schwärmen auf und labt sich am menschlichen Blut. Die Stiche sind sehr unangenehm, der Juckreiz hält sich über viele Tage. Auch wenn sie noch so klein sind: Hat man einen Stich aufgekratzt, heilt er sehr schlecht wieder, winzige Narben entstehen.

Traditionen →*Sitten und Gebräuche*
Trinken →*Essen und Trinken*

Unterhaltung

Das abendliche Freizeitprogramm kommt in Neuseeland meist ein wenig zu kurz. Die Pubs schließen bereits um 22 Uhr, Diskotheken und international angehauchte Bars findet man nur in manchen Touristengegenden, so z.B. in Queenstown. Hier kann man sich aber dann, zumindest an den Wochenenden, bis in die Morgenstunden hinein vergnügen. Ansonsten begnügt sich der Neuseeländer mit einem Kinoabend oder einem Besuch im Theater.

Unterkunft

Vom einfachen, aber gut ausgestatteten Campingplatz bis hin zum noblen Hotel hat Neuseeland alles zu bieten, was das Urlauberherz begehrt.

Hotels
In den großen Städten hat man die Wahl zwischen internationalen Hotelunternehmen wie Sheraton und Southern Pacific Hotel Corporation. Aber auch eine große Anzahl privater Hotels ist zu finden, die in der Ausstattung zwar nicht so luxuriös, aber doch sehr anspruchsvoll sind.

Gästehäuser
Sind ebenfalls überall zu finden. Sie sind einfach, aber nett und meist ist hier das Frühstück im Preis inbegriffen. Unter diese Kategorie fällt auch der Begriff „B & B", Bed & Breakfast-Hotel, eine Tradition, die in Neuseeland wieder großen Aufschwung erlebt.

Motels
Motels sind eine weitere Alternative für den Urlauber, da sie überall in großer Anzahl vorhanden und unkompliziert zu buchen sind (außerhalb der Hauptreisezeit). Die Preise sind jedoch meist horrend. Dennoch eine gute Einrichtung für Selbstversorger, denn in den Motels gibt es sämtliche notwendigen Einrichtungen.

Jugendherbergen
Die weltweit bekannte Einrichtung der Jugendherberge kann auch in Aotearoa (→dort) in Anspruch genommen werden. Platz für jung und alt ist in den Mehrbettzimmern jederzeit, der Preis pro Übernachtung liegt zwischen 11 und 15 NZ$. Allerdings sollte man im Besitz des internationalen Jugendherbergsausweises sein. Auch vor Ort läßt sich die Mitgliedschaft in der „Youth Hostel Association" erwerben. Der Mitgliedsbeitrag liegt derzeit bei 34 NZ$. Selbstversorgung ist auch hier angesagt.

Backpacker-Hostels
Die Backpacker-Hostels sind die Antwort privater Unternehmer auf die Jugendherbergen. Von vielen Rucksackreisenden werden sie gerne in Anspruch genommen, da man hier doch eher unter seinesgleichen ist.

Campingplätze
An Campingplätzen mangelt es nicht, ob klein oder groß, sie sind alle von bestem Standard. Küche mit diversen Geräten wie Kochplatten, Heißwasserboiler und Toaster, Eßraum, Aufenthaltsraum, Waschmaschinen und Trockner sind in der Regel neben den gängigen Ausstattungen wie sanitären Einrichtungen und Läden vorhanden. Die Preise liegen bei 8 NZ$, Kinder zahlen oft weniger. Meist kann man von den Campingplätzen aus Touren oder Ausflüge buchen. Wer mit dem Wohnmobil anreist, zahlt für den „Power Site" zwischen 15 und 18 NZ$. Die meisten Cam-

pingplätze sind mit einfachen Häuschen (Cabins) oder komfortableren Bungalows (Tourist flats) ausgestattet, die ab 22 NZ$ pro Person gemietet werden können. Informationen über die verschiedensten Unterkünfte gibt es bei allen NZTP- und anderen Touristen-Büros.

Verhalten

Da die Bevölkerung vorwiegend europäischer Abstammung ist, gelten keine ausgefallenen Verhaltensregeln, wie man sie z.B. von anderen Kulturen kennt. Das Wichtigste, was man wissen sollte, bezieht sich auf die Maori-Kultur (→*Wkakarewarewa*), so beispielsweise, daß man eine Marae nicht ungefragt betreten darf.

Verkehr

In Neuseeland gilt der Linksverkehr, und das ist für viele gewöhnungsbedürftig (→*Reisen im Land*). Ansonsten findet man sich in Städten, Ortschaften und auf den Straßen allgemein sehr gut zurecht, Verkehrsregeln und -ordnungen entsprechen unseren Gepflogenheiten.

Versicherungen →*Ärztliche Versorgung, Autovermietung*
Visum →*Dokumente*
Währung →*Geld*
Wetter →*Klima*

Waipoua Kauri Forest

Das wunderschöne Waldgebiet Waipoua Kauri Forest liegt im Nordwesten der Nordinsel, in der Region Northland (→*Regionen*) zwischen Dargaville (→dort) und Hokianga Harbour. Es ist deshalb so bemerkenswert, weil hier noch der schöne Kauriwald erhalten geblieben ist. Zur Zeit der ersten Besiedlung Neuseelands durch die Maori war gerade die Nordinsel von dieser Fichtenart übersät. Doch die gewinnsüchtigen Europäer rodeten große Gebiete. So wurde der Kauri, der ein Alter von 1500 Jahren erreichen und 30 bis 50 Meter Höhe, einen Durchmesser von vier Metern und einen Umfang von 10 bis 15 Metern haben kann, zu einer Seltenheit. Den mächtigsten Baum Neuseelands, „Tanemahuta" also „Lord des Waldes" erreicht man schon nach fünf Minuten vom Autoparkplatz aus. Von einem weiteren Parkplatz aus (die beiden sind sehr gut ausgeschildert oder auf der Karte, die man im „Park Headquarter" erhält, gekennzeichnet) kann man sich gleich an zwei Besonderheiten des Kauriwaldes erfreuen: Nach einem kurzen Fußmarsch kommt man zu den *Four Sisters*, vier Kauribäumen auf einem Platz vereint. Wandert man auf dem gut angelegten Waldpfad weiter, erreicht man nach 15 Minuten *Te Matua Ngahere*, den „Vater des Waldes", den zweitmächtigsten Baum Neuseelands. Natürlich kann man sich auf verschiedenen Pfaden noch weiter durch den Wald bewegen, auf keinen Fall aber sollte man von den Wegen abweichen.

Waitangi

Diese kleine Ansiedlung in der Bay of Islands (→dort) ist durch die Waitangi River Bridge mit der Ortschaft Paihia (→dort) verbunden. Sie ist von besonderer historischer Bedeutung: Hier wurde am 6. Februar 1840 der „Treaty of Waitangi" unterzeichnet, der Vertrag, durch den Aotearoa (→dort) sich der britischen Krone unterordnete. Im *Treaty House*, das 1832 erbaut und von James Busby bewohnt wurde, versammelten sich zahlreiche Maori-Häuptlinge, die gemeinsam mit dem neuen Gouverneur Kapitän William Hobson den Vertrag unterschrieben.
Noch heute treffen sich jedes Jahr am 6. Februar Maori und Pakehas — die Weißen — vor dem im Kolonialstil erbauten Haus, um den Tag gemeinsam zu feiern. Während andererseits oft Stimmen laut werden, daß die Maori gerade mit diesem „Treaty of Waitangi" sehr benachteiligt wurden. Das *Treaty House* dient inzwischen als Museum und ist täglich von 9 bis 17 Uhr geöffnet, Eintritt 3.50 NZ$.
Neben dem Museum liegt das beeindruckende Versammlungshaus *Whare Runanga*. Im Jahre 1840 wurde es gebaut und mit Schnitzereien aller Maori-Stämme verziert. Normalerweise trägt ein solches „Meeting House" nur Schnitzereien eines einzigen Stammes (→*Whakarawarewa*). Ebenso ist am Strand von Waitangi noch ein mächtiges Kriegskanu zu bewundern, daß 150 Krieger fassen konnte.

Waitomo

Das kleine Städtchen Waitomo, 200 Kilometer südlich von Auckland im *King Country* gelegen, hat seine Bedeutung durch wunderschöne Naturobjekte gewonnen: durch die Höhlen von Waitomo und durch die bekannte Glühwürmchengrotte. Bereits im Jahre 1887 wurden die Höhlen den ersten Weißen von einem Maori gezeigt, bald darauf entwickelte sich das von Maori dichtbesiedelte Land zu einem beliebten Ausflugsziel.

Waitomo / **Sehenswürdigkeiten**

Bei den Waitomo-Höhlen handelt es sich um drei Höhlensysteme, die allesamt besucht werden können. Waitomo heißt übersetzt „durch ein Loch gehendes Wasser". Den größten Besucherstrom zieht die Höhle mit der Glühwürmchengrotte an. Im *Cave Museum* gibt es einen aufschlußreichen Vortrag über die Höhlen, die Wasserwege und über das Leben der Glühwürmchen selbst. Dann wird man in die Höhle geführt und dort in Boote verfrachtet. Der Führer, der vor Ort noch Wissenswertes über die Glühwürmchen erzählt, zieht das Boot an einem Stahlseil durch die Höhle. Sobald sich die Augen an die Dunkelheit hier gewöhnt haben, sieht man Unmengen dieser imposanten Leuchttiere. Die Höhle wirkt wie ein funkelnder Kristall. Die Fahrt wird immer wieder durch kurze Fußmärsche in der Höhle unterbrochen. Die Kosten für die Glühwürmchen-Grotte belaufen sich derzeit auf 9.50 NZ$.
Auch die beiden anderen Tropfsteinhöhlen können besucht werden.
Waitomo bietet sich ferner auch als Ausgangspunkt für Wandertouren durch das King Country an. Ferner liegt an der Straße zu den Höhlen die *Ohaki Maori Village*, ein restauriertes Maoridorf aus sehr früher Zeit. Täglich von 10 bis 17 Uhr geöffnet, Eintritt 3.50 NZ$.

Waitomo / **Praktische Informationen**

Essen und Trinken: Das einzige Restaurant befindet sich im *THC Waitomo Hotel*, hier ißt man relativ teuer. Snacks gibt es im Cave Museum, ebenfalls nicht allzu billig.
Unterkunft: Im *THC Waitomo Hotel*, Tel. 88-227 zahlt man für DZ/EZ 101 NZ$. Der Vorteil: Es liegt nahe bei den Höhlen. Andere Möglichkeiten zum Übernachten sind das *Hangatiki Motel*, Tel. 882 mit Preisen ab 60 NZ$ oder die *Waitomo Country Lodge*, Tel. 8-109, DZ 75/EZ 65 NZ$.
Der *Waitomo Caves Camp & Caravan Park*,Tel. 87-639, hat Zeltplätze für 6 NZ$ oder Räume ab 18 NZ$ für zwei Personen. Buchung der Höhlenbesuche möglich.
Wichtige Adressen
Informationen erhält man im Information Centre beim Cave Museum.

Wanaka

Etwa 100 km von Queenstown (→dort) entfernt liegt die Ortschaft Wanaka, durch ihren gleichnamigen See (→*Seen*) zu einem wichtigen touristischen Städtchen angewachsen. Urlauber aus aller Welt sorgen hier das ganze Jahr über für regen Betrieb, im Sommer sind es die Freunde des Wassersports und im Winter die Skifahrer. Außer dem See mit seinen vielfältigen Möglichkeiten und als Ausgangspunkt für den Mt. Aspiring National Park (→*Nationalparks*) hat Wanaka keine Sehenswürdigkeiten zu bieten.

Wanaka / **Praktische Informationen**
Ärztliche Versorgung: Wanaka Surgery, 37 Russell St., Tel. (03) 4-437-811.
Essen und Trinken: Besonders empfehlenswert ist das Restaurant *Ripples*, Pembroke Mall. Hier kann man reichhaltig und gut in angenehmer Atmosphäre speisen. Preiswerter aber auch sehr gut ist *Te Kano Café*, Brownston St., hier wird auch vegetarische Küche angeboten. Italienische Gerichte bekommt man im *Cappricio*, The Mall serviert. Oder man besucht das Restaurant *First Café* in der Ardmore St. Snacks und Take aways gibt es an fast jeder Ecke.
Unterkunft
Da Wanaka ein reiner Urlaubsort ist, gibt es auch viele Unterkünfte. Im Zentrum liegt z.B. das *THC Wanaka Hotel*, Hellwick St., Tel. 437-826 mit Preisen ab 73 NZ$ für DZ und EZ oder das *Wunderview Motel*, Brownston St., Tel. 4-437-480, DZ 56/EZ 51 NZ$.
Für Campingfreunde bietet sich der *Penrith Park*, Beacon Point, Tel. 7-009 für 6 NZ$ pro Person oder der *Wanaka Motor Park*, Brownston St., Tel. 7-883 für 7.50 NZ$ an. Drei Kilometer außerhalb Wanakas ist in der Glendhu Bay Rd. der *Pleasant Lodge Caravan Park*, Tel. 7-360 zu finden, Übernachtung 6.50 NZ$.
Wichtige Adressen
Informationen erhält man im Mt. Aspiring National Park Headquarter und im Visitor Centre, Ecke Ballantyne/Main Rd.
Polizei: Police Station, Helwick St., Tel. (03) 4-437-272.
Post: Ardmore St., Ortsausgang Richtung Cromwell.

Wanganui

Die Stadt Wanganui, die an der Mündung des längsten schiffbaren und gleichnamigen Flusses Neuseelands in die Tasman See liegt, hat nach einer langen Zeit seine große Bedeutung eigentlich verloren. In früheren Tagen war Wanganui für die Kiwis dieser Region im Südwesten der Nordinsel besonders wichtig, da die Stadt für den Handel der gesamten Region, vor allem aber auch für Wellington, sehr bedeutsam war. Dennoch kann man auch hier einige informative Tage verbringen.

Wanganui / **Sehenswürdigkeiten**
Die Schönheit Wanganuis, eine der ältesten Städte Aotearoas, wird durch die zahlreichen Parks, Gärten und Grünanlagen bestimmt. Hier findet jeder wohl einen Ort zum Ausruhen und Erholen. Besonders beliebte Treffpunkte sind direkt im Stadtkern der *Queens Park* oder der in Richtung Plymouth an der Great North Rd. gelegene *Lady Virginia Park*.

Im Queens Park findet man neben dem *Wanganui Museum*, das auf dem Gebiet der Maori-Kultur führend ist, auch die *Sarjeant Gallery* und die öffentliche Bücherei. Das Museum ist wochentags von 9.30 bis 16.30 Uhr, am Wochenende von 13 bis 17 Uhr geöffnet. Der Eintritt beträgt 2 NZ$. Die Galerie kann man wochentags von 10.30 bis 16 Uhr, samstags von 10.30 bis 12 Uhr und sonntags von 13.30 bis 16 Uhr besuchen.

Besonders lohnenswert ist ein Ausflug zum *Durie Hill*. Am Ende der Victoria Ave. überquert man den Wanganui, direkt links von der Brücke liegt der holzgeschnitzte Eingang zum Fahrstuhl des Durie Hill. Nach der Durchquerung eines Fußgängertunnels, der Fahrt im Fahrstuhl und dem Aufstieg zum Aussichtsturm hat man für insgesamt 40 Cent freien Blick über die Stadt und die wunderschöne Landschaft bis hin zu den Bergen Mt. Egmont und Mt. Ruapehu im Tongariro National Park. Der Fahrstuhl ist montags bis freitags von 7.30 bis 19 Uhr, samstags von 9 bis 20 Uhr und sonntags von 10 bis 16 Uhr in Betrieb.

Rechts von der Brücke liegt nach rund einem Kilometer ebenfalls ein gutes Ausflugsziel: die *Putiki Church*. Klein, aber fein, reichhaltige Sammlung von Maori-Schnitzereien.

Eine weitere Attraktion, die Wanganui zu bieten hat, ist der gleichnamige Fluß. Auf ihm kann man jegliche Art von Bootsfahrten unternehmen. Angefangen von einer üblichen, bequemen Flußdampferfahrt über Jetboot-„Rasereien" bis hin zum eigenständigen Kajakfahren ist alles vertreten.

Wanganui / **Praktische Informationen**

Ärztliche Versorgung: Wanganui Base Hospital, Heads Rd., Tel. (06) 3-453-909 oder Wicksteed House, 220 Wicksteed St., Tel. (06) 3-458-299.

Automobile Association: Ecke Victoria Ave./Ridgway St.

Essen und Trinken: Eigentlich kann man hier nur zwei Restaurants nennen, die eine kleine Auswahl an Mahlzeiten haben: zum einen *Joseph's* in der 13 Victoria Ave. und zum anderen das Bistro *99 The Strand*, Ecke Guyton/St Hill St. Belegte Brötchen und andere Fast Food-„Spezialitäten" bekommt man dagegen häufiger. Die drei Ketten *Pizza Hut*, *Mc Donald's* und *Kentucky Fried Chicken* sind auch vertreten.

Unterkunft: Am Strand liegt der *Alwyn Motor Court*, Karaka St., Tel. 44-500, DZ/EZ 52 NZ$. In der Dublin St. findet man das *Burwood Manor*, Tel. 52-180, DZ/EZ 74 NZ$. Das *Abel Tasman Motel*, Pukiti Dr., Tel. 50-943 bietet Unterkunft für DZ 72/EZ 59 NZ$.

Eines der schönen Gästehäuser ist das *Riverside Inn*, 2 Plymouth St., Tel. 32-529 für DZ 45/EZ 33 NZ$. *Castle Cliff Camp*, Tel. 45-699 stellt Zeltplätze für 7 NZ$ pro Person zur Verfügung.

Wichtige Adressen

In der Guyton St. zwischen St Hill St. und Wilson St. findet man das Information Centre. Es ist wochentags von 8.30 bis 17 Uhr und an den Wochenenden von 9 bis 14 Uhr geöffnet.

Polizei: Police Headquarters, Bell St., Tel. (06) 3-454-488.

Post: Ridgway St.

Wellington

Wellington, die imposante Hauptstadt Neuseelands, wird im Volksmund oft „Windy Wellington" genannt. Bedingt durch die Lage am südlichen „Zipfel" der Nordinsel bekommt man hier das ganze Jahr über meist eine recht frische Brise zu spüren. Das aber tut der Stadt mit ihren rund 321 000 Einwohnern keinen Abbruch. Man kann sich in Wellington gut unterhalten, modernen neuseeländischen Lebensstil kennenlernen, mal wieder so richtig ins Stadtgewühl tauchen, aber auch Natur genießen. Schließlich liegt Wellington an einer wunderschönen, weit ins Land reichenden Bucht, besitzt einen natürlichen Hafen und ist von vielen grünen Hügeln umgeben. Auch finden sich hier weite, herrliche Sandstrände.

Wellington / Geschichte

Geschichten der Maori besagen, daß der berühmte Seefahrer Kupe der erste war, der den Hafen von Wellington ansteuerte. Später ließen sich dann verschiedene Maori-Stämme nieder und lebten in Einklang mit der Natur, bis sie ihr Land an Wakefield, den Gründer der Baugesellschaft „New Zealand Company" verkauften. So wurde Wellington 1840 die erste Siedlung dieser „Company". Ausgewählte Menschen suchten sich hier eine neue Heimat, wobei es anfangs nicht so einfach war, eine Struktur in die neuerschlossene Gegend zu bekommen. Denn einerseits sollte Wellington dank seines Hafens für den Handel nutzbar gemacht werden, andererseits sollte das Land der Umgebung bestellt werden. Zu dieser Aufteilungsproblematik kam noch hinzu, daß die Maori sich durch den Verkauf ihres Landes betrogen fühlten. Unruhen und Streitigkeiten waren die Folge.

Nach und nach dehnte sich die Siedlung dennoch aus, das Zentrum erstreckte sich um den Hafen am Lambton Quay herum, aber zahlreiche Häuser zogen sich auch weit auf die umgebenden Hügel hinauf. In der Zeit des Goldrausches gewann die Südinsel immer mehr an Bedeutung und dies war letztendlich ausschlaggebend

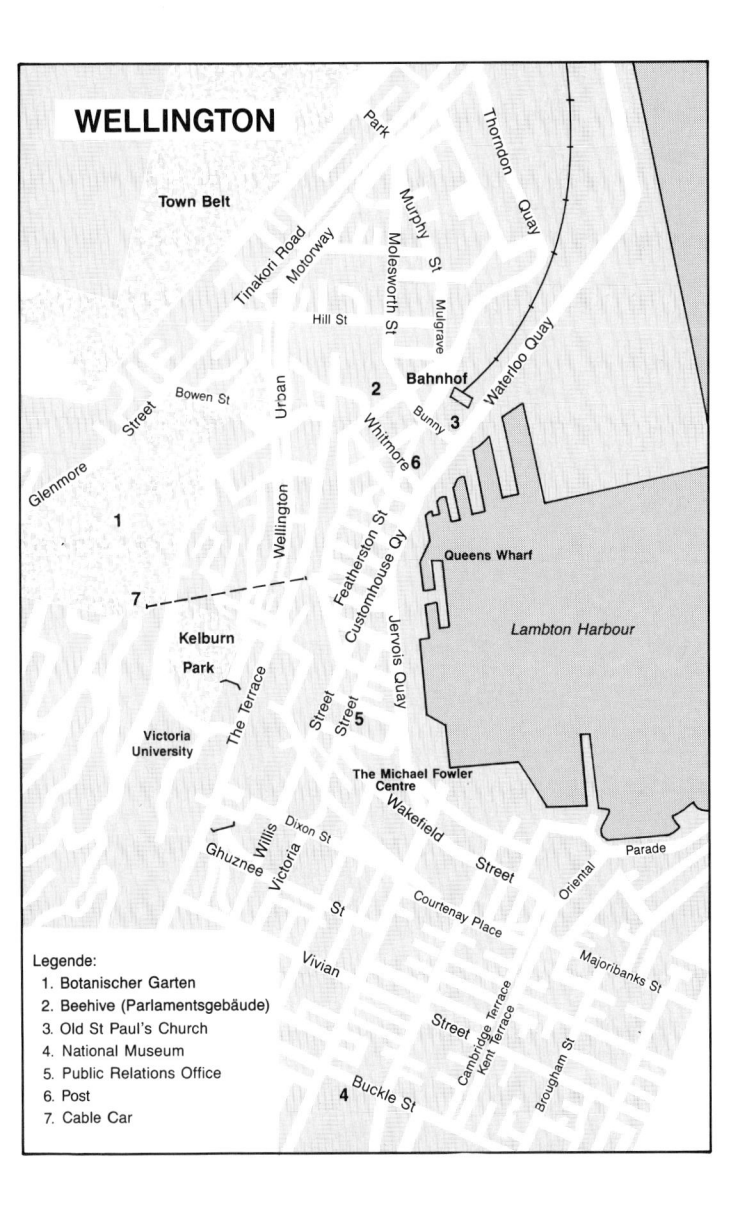

WELLINGTON

Legende:
1. Botanischer Garten
2. Beehive (Parlamentsgebäude)
3. Old St Paul's Church
4. National Museum
5. Public Relations Office
6. Post
7. Cable Car

dafür, daß die Regierung 1865 ihren Sitz von Auckland nach Wellington verlegte, war hier doch der wichtigste Verbindungspunkt zur Südinsel gegeben. So gewann die windige Stadt noch mehr an Bedeutung, wurde Schnittstelle der Verkehrs- und Kommunikationswege; Versicherungen, Banken, große Firmen und Verwaltungen etablierten sich. Und obwohl die Stadt in den Jahren 1848 und 1855 zwei Erdbeben ausgesetzt war, entstanden riesige Hochhäuser und Verwaltungszentren.

Wellington / **Sehenswürdigkeiten**

Um sich einen Überblick über die doch ein wenig „verstreute" Stadt zu machen, sollte man als erstes vielleicht eine Fahrt mit der bekannten *Cable Car* unternehmen. Von der Lambton Quay, der Hauptgeschäftsstraße Wellingtons, führt ein kleines Seitengäßchen zur Talstation dieser Attraktion. Die Fahrt in einem der beiden Waggons, deren Vorgänger erstmals 1902 eingesetzt wurden, ist kurz, aber interessant. Die Endstation ist der Stadtteil Kelburn, und vom Kelburn Hill kann man nun einen wunderschönen Ausblick über Stadt und Hafen genießen.

Wem ein einmaliges Erlebnis mit der Cable Car genügt, der sollte den Rückweg „downtown" zu Fuß antreten: Der weitflächig angelegte *Botanische Garten* lohnt die ohnehin nicht zu große Mühe des Hinabsteigens. Wunderschön angelegte Beete, viele verschiedene Pflanzen, darunter sehr viele Rosensträucher, ein Duft von frischen Blumen und vielleicht auch ein Besuch im dortigen Pavillon-Café mit Geigenmusik laden zum Verweilen ein. Der letzte Abschnitt des Weges führt durch einen großen, alten Friedhof. Dann überquert man die Wellingtoner Motorway auf einer Fußgängerbrücke und befindet sich bereits wieder in der Nähe des Zentrums.

Bei einem Bummel durch die Stadt, besonders auf der Lambton Quay, kann man sich vom Gegensatz zwischen alt und neu beeindrucken lassen. Obwohl es einerseits bedauerlich ist, daß die Stadt mit so vielen chrom- und glasspiegelnden Hochhäusern und Blöcken „zugepflastert" wurde, ergibt sich durch den Kontrast zu den verbliebenen Häusern im Kolonialstil ein sehr beeindruckendes Bild.

Alt neben neu, das findet man auch bei einem Besuch des Regierungsviertels in der Glenmore St. Gegenüber vom ehemaligen *Government Building*, das ganz aus Holz erbaut wurde und das zweitgrößte Holzgebäude der Welt überhaupt ist, erhebt sich das neue Parliament Building, das *Beehive*. Diese moderne Konstruktion erhielt seinen Namen nach seinem Aussehen, denn in der Tat erinnert es an einen Bienenkorb, in den die geschäftigen Regierungsmitglieder aus- und einschwärmen. Führungen können hier wochentags mitgemacht werden, telefonische Nachfrage unter 749-199. Die beiden Parlamentsgebäude sind von einem schönen Park umgeben, der sich für eine kurze Ruhepause anbietet.

Nicht weit davon entfernt, in der Mulgrave St., sollte man sich *Old St Paul's Church* ansehen. Obwohl die 1864 fertiggestellte Kirche von außen keinen besonderen Eindruck erweckt, besticht ihr Inneres durch die Präzision des gotischen Baustils. Geöffnet ist die Kirche montags bis samstags von 10 bis 16.30 Uhr, sonntags von 13 bis 16.30 Uhr.

Als weitere Attraktion hat Wellington einen gut angelegten *Zoo* zu bieten, der allerdings vier Kilometer außerhalb der Stadt liegt. Neben dem Nachthaus mit den Kiwis kann man hier zahlreiche andere Tierarten bewundern. Geöffnet ist der Zoo täglich von 8.30 bis 17 Uhr, der Eintritt beträgt 4 NZ$.

Wellington / **Museen und Galerien**

Wissenswertes über die Maori-Kultur, über die Polynesier überhaupt, aber auch über die Kolonialzeit findet man im *National Museum*, dem auch die *National Art Gallery* angeschlossen ist, in der Buckle St. Hier kann man sich auch mit der einheimischen Fauna vertraut machen, ebenso gibt es eine sehr gut ausgestattete Seefahrtabteilung. Die Kunstwerke in der Galerie sind sehr breit gestreut und stammen aus verschiedenen Epochen. Der Eintritt in Museum und Galerie ist frei, geöffnet sind beide von 10 bis 16.45 Uhr.

Die *City Art Gallery* in der 65 Victoria St. hingegen hat sich eher der modernen Kunst verschrieben. Hier kann man ebenfalls viele interessante Eindrücke gewinnen.

Wellington / **Praktische Informationen**

Ärztliche Versorgung: Wellington Hospital, Riddiford St., Newton, Tel. (04) 855-999 oder Dr. Ernst Philipp, 99 The Terrace, Tel. (04) 737-571.

Automobile Association: Das Büro befindet sich am Lambton Quay, kurz bevor dieser in die Willis St. übergeht.

Autovermietung: „Avis" findet man u.a. am Flugplatz und in der 25 Dixon St.

Essen und Trinken: Restaurants, Pubs, Cafés und Fast Food-Anbieter gibt es in solcher Menge, daß man sich am besten nach seinem eigenen Geschmack richtet und sich auf sein gutes Gespür verläßt. Für Freunde der mexikanischen Küche empfiehlt sich auf jeden Fall die kleine und gemütliche *Mexican Cantina*, 19 Edward St. Man muß sich aber auf Wartezeiten für einen Tisch einstellen, da das Restaurant sehr beliebt ist. Italienisch wird's in *La Spaghettata*, 15 Edward St., gut und preiswert. Im *Bengal Tiger*, 33 Willis St. kann man die indische Küche kosten. Oder man besucht eines der zahlreichen chinesischen Lokale wie z.B. *Horn Kung* am Courtenay Place. Wer's nicht ganz so fremdländisch mag, läßt sich ein Schnitzel oder Steak im Restaurant *Chloes* im Gebäude der 1860 Victualling Company in der 152 bis 172 Lambton Quay servieren. Oder man wählt ein gutes vegetarisches Gericht in *That's Natural*, 88 Manners Mall. Ferner gibt es natürlich auch in Wellington zahlreiche Pubs und Take aways ebenso wie *Mc Donald's*, *Kentucky Fried Chicken* und *Pizza Hut*.

Unterhaltung: Obwohl Wellington abends oft wie ausgestorben scheint, findet man hinter den Türen der verschiedenen Pubs im Stadtzentrum doch oftmals Live-Musik. Außerdem gibt es zahlreiche kleine und große Theater. Zu empfehlen sind das *Wellington Repertory Theater*, Dixon ST., das *Downstage Theater*, Cambridge Terrace oder das *University Memorial Theater*; je nach Spielplan aber auch andere.

Unterkunft

Hotels und Gästehäuser findet man viele in Wellington. Hier nur eine Auswahl: Exklusiv ist das *James Cook Hotel*, The Terrace, Tel. 725-865, pro Übernachtung zahlt man DZ/EZ 236 NZ$. Sehr beliebt auch das *St George Hotel*, Ecke Willis/Boulcott, Tel. 739-139, DZ 78/EZ 63 NZ$. Oder man steigt im *Trekkers Hotel*, Upper Cuba St., Tel. 852-153, DZ 70/EZ 60 NZ$ pro Nacht ab.

An der Straße The Terrace findet man eine große Anzahl verschiedener Gästehäuser, darunter das *Victoria House Inc.* (Studentenhotel), Tel. 843-357, DZ 68/EZ 40 NZ$, die *Ambassador Travel Lodge*, Tel. 857-215, DZ 52/EZ 45 NZ$ oder das *Terrace Travel Hotel*, Tel. 829-506 mit Preisen für DZ 62/EZ 51 NZ$.

Im *Wellington Youth Hostel*, 40 Tinakori Rd., Tel. 736-271 kostet die Übernachtung 13 NZ$. Neben zahlreichen anderen Hostels muß man in Wellington das *Beethoven House*, 89 Brougham St., Tel. 842-226 erwähnen. Eine solche Unterkunft findet man wohl selten auf der Welt: Den ganzen Tag über wird nur Beethovens Musik gespielt, Rauchen ist strengstens verboten und Schilder warnen vor diesem Laster, ferner ist es ein Haus der Geburtstagsfeiern und der Besonderheiten. Für 12 NZ$ pro Nacht kann man sich hier einmal „inspirieren" lassen.

Nicht zuletzt der windigen Wetterlage wegen sieht es in Wellington schlecht aus mit Campingplätzen. 14 Kilometer von Wellington entfernt, in Lower Hutt, gibt es das *Hutt Park Motor Camp*, Tel. 685-913 mit Zeltplätzen ab 7 NZ$ pro Person.

Verkehrsverbindungen: Nach Wellington zu kommen und von dort aus weiterzureisen, ist überhaupt kein Problem. Als wichtiger Verkehrsknotenpunkt ist die windige Stadt an der Cook Strait für alle Verkehrsmittel bestens geeignet. Große und kleine Fluglinien bedienenn alle größeren Städte Neuseelands, die Bus- und Bahnverbindungen sind überaus vielfältig, ferner ist die Verbindung zur Südinsel ja nicht nur per Flugzeug, sondern auch per Fähre nach Picton gewährleistet (→*Reisen im Land*).

Wichtige Adressen

In der Mercer St. ist sowohl das Büro der „NZTP", montags bis donnerstags von 8.30 bis 17 Uhr, freitags von 8.30 bis 20 Uhr und samstags von 9.30 bis 12.30 Uhr geöffnet, als auch der „Public Relations Office", täglich von 9 bis 17 Uhr geöffnet.

Polizei: Central Police Station, Johnston St., Tel. (04) 723-000.
Post: Customhouse Quay.

Whakarewarewa

Whakarewarewa ist die größte und bekannteste Thermalregion Neuseelands und gleichzeitig Museumsdorf. Es liegt direkt bei Rotorua (→dort). „Naumai Haere mai, herzlich willkommen in unserer Welt", so wird der Besucher in Whaka (dies ist die Kurzform des Namens) begrüßt und erlebt Maori-Kultur wie sie einstmals war.
Hier wurde ein Wehrdorf der Maori nachgebaut, und bei einer Führung kann man alles über die Bauten, aber auch über das ursprüngliche Leben erfahren. Der Platz, auf dem die wichtigsten Häuser stehen, heißt „marae". Nie darf man einen solchen betreten, ohne vorher um Erlaubnis gefragt zu haben oder eingeladen worden zu sein. Das größte Haus dort ist das Versammlungshaus, es fällt durch seine kunstvolle Schnitzereien ins Auge.
Der Aufbau des Versammlungshauses stellt einen Körper dar: Der Hauptdachträger ist das Rückgrat, die Seitenverstrebungen sind die Rippen und so fort. Die Schnitzereien ims Versammlungshauses beziehen sich stets auf den jeweiligen Stamm, dem es gehört. Jedes einzelne Schnitzwerk stellt einen Vorfahren dar. Oft scheinen es verzerrte Fratzen zu sein, was aber daher rührt, daß man die Vorfahren, die meist als heilig galten, nicht getreu darstellen durfte. Denn schließlich sollen diese Abbilder den Aufenthaltsort des Geistes der Ahnen symbolisieren und nicht deren verstorbene Körper abbilden.
Im Innenraum des Versammlungshauses — es mit Schuhen zu betreten wäre eine Beleidigung des Stammes — sind zwischen den Holzarbeiten geflochtene Bilder, die „tukatuka", zu sehen. Jedes von ihnen erzählt eine eigene Geschichte, die eng mit der Vergangenheit des Stammes und jedem einzelnen Ahnen verbunden ist. Ferner finden sich auf dem „marae" auch noch das „Food-House", ein auf Balken erhobenes, kleines Vorratshaus für Speisen, und das „Storehouse", in dem wichtige Dinge des Lebens, die „tapu" (heilig, unantastbar) waren, aufbewahrt wurden. In der näheren Umgebung befinden sich die normalen Wohnhütten.
Gleich hinter dem „marae" von Whaka liegt die Thermalregion. Überall sieht man es qualmen und dampfen, auf angelegten Wegen kann man durch dieses Gebiet der kochenden Erde gehen. Brodelnde Schlammlöcher („mudpools"), heiße Wasserlöcher, vor allem aber der größte Geysir Neuseelands, der *Pohutu*, sind zu sehen. Seine Fontäne wird bis zu 30 Meter hoch, angekündigt stets durch das Ausbrechen des kleineren benachbarten *Prince of Wales Feather*.

Im Anschluß an den Gang durchs Thermalgebiet gelangt man in das eigentliche Maori-Dorf, das auch heute noch bewohnt ist. In manchen Wohnungen und Häusern sind Souvenirläden untergebracht, in denen man vom Krimskrams bis zur echten Maori-Schnitzerei alles erhalten kann. Vor allem natürlich den aus Jade geschnitzen Tiki, den man als Anhänger am Halsband tragen kann. Der Hi-Tiki ist das Hauptmotiv der Schnitzkünstler. Er ist ebenfalls ein Vorfahre und als Fruchtbarkeitsgott bekannt.

Wer sich in Whaka aufhält, sollte nicht das dortige Maori-Konzert versäumen! Hier wird man über die verschiedenen Tänze und Gesänge, die wunderschön anzuhören und anzusehen sind, aufgeklärt, erfährt die Hintergründe des Haka, des Kriegstanzes, der mit dem — oft auf Postkarten abgebildeten — Zunge-Herausstrecken, einem Zeichen des Kampfes und der Aggression, beendet wird. Die Männer tragen die typischen „kete", Flachsröcke, die Frauen ihre originale Oberbekleidung, die „pare". Hier sieht man das aufgemalte „mako", die früher typischen Tätowierungen. Oft hatten Häuptlinge, Priester und Krieger das ganze Gesicht mit diesen spiralförmigen Ornamenten verziert. Selbst Frauen, die eine höhere Position im Stamm einnahmen, hatten die Kinnpartie tätowiert.

Bei den Erzählungen, die das Maori-Konzert begleiten, erfährt man, daß nur die Männer, die materialisierte Geistwesen und somit tapu, also heilig sind, das Schnitzhandwerk ausführen dürfen. In Whaka befindet sich übrigens die einzige Schnitzschule Neuseelands, im „Arts and crafts centre of Rotorua". Dagegen ist es nur den Frauen, den aus der Erde geschaffenen Wesen, erlaubt, Führungen für Gäste und Besucher, sei es durch ein Dorf oder zu den verschiedenen Sehenswürdigkeiten, zu leiten.

In Whaka kann man die dortige Schnitzschule besuchen, im Nachthaus dem Kiwi begegnen, den Frauen beim Flachsflechten zuschauen und vieles mehr. Der Eintritt inklusive Maori-Konzert beträgt 15 NZ$ bei unbegrenztem Aufenthalt.

Whangarei

Whangarei ist die wichtigste Stadt des Northlands (→*Regionen*) und hat sich vor allem durch den Whangarei Hafen einen Namen gemacht. Nicht nur Segelfreunde aus aller Herren Länder treffen sich hier, auch hat der Hafen große wirtschaftliche Bedeutung. Dennoch sollte man nicht vergessen, daß in dieser Stadt mit ihren rund 45 000 Einwohnern die einzige Ölraffinerie Neuseelands zu finden ist.

Whangarei / Sehenswürdigkeiten

Die Attraktion schlechthin ist das *Chapham Clock Museum* im *Central Park Rose Gardens*. 800 Uhren sind hier ausgestellt, in jeder Größe und jeder Form. Das älteste dieser Ausstellungsstücke ist aus dem Jahre 1636. Öffnungszeiten: täglich von 10 bis 16 Uhr. Der Eintritt beträgt 2.50 NZ$.

Eine weitere Sehenswürdigkeit sind die *Whangarei Falls*, etwa sechs Kilometer außerhalb der Stadt an der Ngunguru Rd. Diese Wasserfälle ziehen nicht zuletzt deshalb so viele Besucher an, weil sie wunderschöne Fotomotive abgeben.

Whangarei / **Praktische Informationen**

Ärztliche Versorgung: Northland Base Hospital, Hospital Rd., Tel. (089) 482-079 oder Rust Ave. Medical Centre, 15 Rust Ave., Tel. (089) 484-181.

Automobile Association: Das Büro ist an der Ecke The Mall/Bank St.

Essen und Trinken: Als Restaurants bieten sich das *Quo Vadi*, 24 Water St. und das *Forum Restaurant*, Cafler Ave. im „Forum North Civic Centre" an. Empfehlenswert sind auch das Restaurant *Plumes*, 63 Bank St. und *Timothy's Mythe*, 58 Vine St. Fast Food gibt es überall, zahlreiche nette Cafés bieten kleine Gerichte in einer gemütlichen Atmosphäre.

Unterkunft

Im *Grand Establishment*, Ecke Rose/Bank St., Tel. 484-279 kostet das DZ 69 NZ$, das EZ 54 NZ$. Motels, die allerdings alle teurer sind, gibt es genügend. So z.B. das *Ascot Motel*, 7 Matipo Place, Tel. 481-599, hier kosten DZ 68/EZ 56 NZ$ oder das *Kamo Motel*, 352 Kamo Rd., Tel. 4-351-049 mit Preisen ab DZ 70/EZ 59 NZ$. Dieselben Preise zahlt man im *Continental Motel*, 67 Kamo Rd., Tel. 484-359. Und in der *Cherry Court Motor Lodge*, 35 Otaika Rd., Tel. 483-128 kosten DZ 84/EZ 77 NZ$.

Als Gästehaus empfiehlt sich das *Kingswood Manor*, 260 Kamo Rd., Tel. 4-375-779 mit Preisen ab 70 NZ$ pro Person, Frühstück inbegriffen.

Im *Whangarei Youth Hostel*, 52 Punga Grove Ave., Tel. 488-954 kostet die Übernachtung 11 NZ$.

Sehr zentrumsnah ist der *Alpha Caravan Park*, 34 Tarewa Rd., Tel. 489-876, für einen Zeltplatz zahlt man 7 NZ$, Häuschen kosten ab 35 NZ$ für zwei Personen. In derselben Preisklasse liegt der *Otaika Caravan Park*, 136 Otaika Rd., Tel. 481-459. Etwa drei Kilometer außerhalb der Stadt liegt das *William Jones Camp*, Mair St., Tel. 487-846, Zeltplatz für 5 NZ$.

Wichtige Adressen

Das Informationsbüro ist in der Cafler Ave. im Forum North Civic Centre.
Polizei: Whangarei Police Station, Lower Cameron St., Tel. (089) 487-339.
Post: Ecke Rathbone/Robert St.

Wirtschaft

Der Hauptteil der Wirtschaft wird durch die Landwirtschaft, und hier besonders durch die Schafzucht, bestritten. Aber auch die Rinderhaltung nimmt einen hohen Stellenwert ein. Probleme hatten in letzter Zeit die Züchter von Rotwild, da durch eine Überproduktion und einen geringeren Absatzmarkt Probleme auftraten. Im Bereich der Agrarwirtschaft steht Neuseeland ebenfalls gut da. Angebaut werden in erster Linie Futterpflanzen, Kartoffeln, Getreide, Gemüse und Obst. Auch die Fischerei nimmt ein breites Spektrum ein. Exportgüter sind in erster Linie Fleisch, Milchprodukte und Wolle (gerade hier nimmt Neuseeland eine führende Rolle auf dem Weltmarkt ein).

Nachdem Neuseeland lange Zeit ein reiner Agrarstaat war, erfolgte in den letzten Jahrzehnten in größerem Maß die Industrialisierung. An erster Stelle steht die Nahrungsmittelindustrie, gefolgt von der holzverarbeitenden Industrie und der Kraftfahrzeugindustrie.

Zeit

Neuseeland ist der Mitteleuropäischen Zeit (MEZ) um exakt zwölf Stunden voraus. So bedeutet z.B. 15 Uhr neuseeländischer Zeit, daß es in Deutschland drei Uhr in der vorhergehenden Nacht ist.

Am letzten Sonntag im Oktober werden die Uhren in Neuseeland auf die Sommerzeit eingestellt (gilt bis zum ersten Sonntag im März). Der Zeitunterschied beträgt dann nur noch elf Stunden.

Zeitungen

Überall sind regionale Tageszeitungen wie z. B. die ,,Nelson Evening Mail" erhältlich. Die größte überregionale Zeitung ist ,,The New Zealand Herald". Die Informationen zum Weltgeschehen sind allerdings in allen Blättern sehr spärlich. Über Deutschland ist kaum etwas zu lesen, dafür aber über das britische Königshaus.

Zoll

Dinge für den persönlichen Bedarf können jederzeit eingeführt werden. Dazu zählt auch eine Kameraausrüstung mit bis zu zehn Filmen. Zollfrei sind ferner 200 Zigaretten oder 250 Gramm Tabak oder 50 Zigarren, 4,5 Liter Wein oder Bier ebenso wie statt dessen Spirituosen bis 1,1 Liter.

Strenge Verbote gelten für die Einfuhr von Pflanzen, Samen, Fleisch, Fisch, Früchten, Erde und Sand. Hier wird auch gewissenhaft kontrolliert. Ebenso kann es vorkommen, daß mitgebrachte Camping- und Wanderausrüstung gründlich desinfiziert wird.